シリーズ
シニアが笑顔で楽しむ⑤

作って楽しむシニアのための
絵あそび・おもちゃ・部屋かざり

枝常 弘 著

黎明書房

PREFACE はじめに

　NHK幼児番組「できるかな」でノッポさんと永く付き合って，幼児の造形遊びについて勉強してきました。
　年齢に関係なく「人間はだれでも作ることが好き」と思っていましたから，これまで貯えてきたアイディアが，近づきつつある高齢化社会にいつかは役に立つと思っていました。
　そこで，近所の生活クラブ生協デイ・ケア「わーくわっく」で，自己表現の楽しさを味わってもらおうと，週1回と決めて通い，勉強させてもらっています。
　「クレヨンで色を塗るなんて久し振りだわ」
　「こんな風に，飾ってもらうなんて初めてよ」
　皆さんのこんな反応で，予想以上に喜んでもらえましたが，幼児向きのアイディアそのままでは通用しないことに気が付きました。
　見るもの触るもの，なんでも珍しがる幼児と比べて，いろいろな人生経験をしてこられた人たちが，同じであるはずがありません。未知なる物への興味や探求心が薄く見えるのも，作る意欲が弱く見えるのも当たり前のことだったのです。

　この本は，短時間で完成することで得られる「達成感」，それからくる「満足感」を味わってもらいたい。それが次への期待となり「意欲」につながる，という考えを基本にして作りました。

もちろん毎日こつこつと積み重ねた努力で完成するような作品を否定するものではありませんが,
　「あら，できちゃった，きれいねぇ」「簡単なんだね」
　これで良いじゃないの，と言いたいのです。

　この本の作り方は①から始める場合と，①②まではあらかじめ用意してあげて③から始めたほうが良いなどという場合があります。それなら①②を準備にして③から始めると書けば良いじゃないかと思われるでしょうが，ケース・バイ・ケースなのです。
　その日の参加者の人数と能力，介助できる人との人数の割合を見て，何番から始めると良いかは，それぞれ違うはずです。また，それを判断できるのは，本ではなく，現場に立ち会っているあなたが決めることだと思っています。
　まず，きれいな作品を見本として用意します。お手本教育で育ってきていますから，目標がはっきりしていることが大切です。見本も１つよりも２つある方がヒントになります。
　その人のプライドを傷付けないように気を付けながら，さりげなく直し，手伝うことで，１人でも多くの人に完成した時の喜びを味わわせてください。
　「これはだれが作ったの？」「あんたが作った」
　と言われませんように。

枝常　弘

付記：今回の増刷にあたり『かんたん・きれい　絵あそび・おもちゃ・
　　　部屋かざり』を改題し,「シリーズ・シニアが笑顔で楽しむ」に入
　　　れさせていただきました。

HOW TO COPY　　コピーを上手に

この本には「型紙」がいくつかあります。
次の方法で写しとってください。

用意するもの　B5 のコピー用紙
　　　　　　　　HB と 2B くらいの鉛筆

① 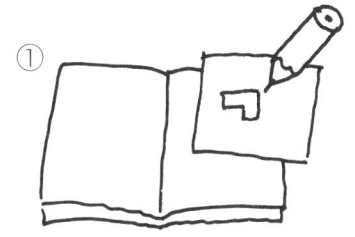 型紙の絵の上にコピー用紙をのせて，HB の鉛筆で写します。

② 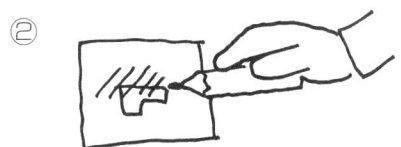 絵をうら返して線の上だけ 2B の鉛筆でぬります。

③ 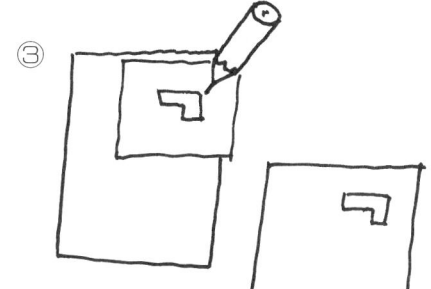 画用紙の上ではじめに描いた絵をなぞると写ります。

もくじ

はじめに　3
コピーを上手に　5

かんたん・きれい
絵あそび・おもちゃ・部屋かざり　9

1　ドンとなった花火　10
2　しんぶんかいじゅう　12
3　ぼかし花　にじみ花　14
4　ひっかき絵　16
5　合わせ絵模様　18
6　切り絵模様　20
7　コロコロスタンプ　22
8　切り抜きスタンプ　24
9　おしゃれシャツ　26
10　犬の親子　28
11　水鳥のいる池　30
12　う　さ　ぎ　32
13　かわいいくつ　34
14　花びょうぶ　36
15　絵はがきスタンド　38

もくじ

- 16 つまようじ入れ 40
- 17 包装紙でお菓子箱 42
- 18 チラシ紙のメモ帳 44
- 19 プレゼント小袋 46
- 20 吊り金魚 48
- 21 貯金猫 50
- 22 まわれコスモス 52
- 23 紙コップター 54
- 24 小さな玉入れ 56
- 25 チラシ紙ボール 58
- 26 立ちん棒 60
- 27 ストローの吹き玉 62
- 28 パックのゴム鉄砲 64
- 29 釣り堀 66
- 30 たこダンス 68
- 31 走る紙コップ 70
- 32 魚すくい 72
- 33 梅の花 桜の花 74

34 チューリップ畑 76
35 ちょうが舞う 78
36 あやめヶ池 80
37 あじさい 82
38 天 の 川 84
39 紅葉 落葉 86
40 クリスマスの星飾り 88
41 魚のくに 90

＊装　丁：中村美保

かんたん・きれい 絵あそび・おもちゃ・部屋かざり

1 ドンとなった花火

○**用意するもの**　白の画用紙（八つ切りの半分）
　　　　　　　　　ポスターカラー（コバルトブルー）
　　　　　　　　　明るい色のクレヨン，刷毛，小皿

①明るい色のクレヨンで，下から1本線をひきます。

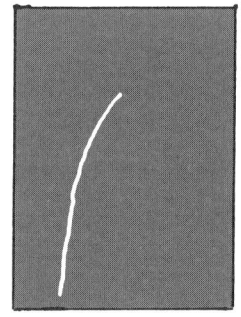

②花火の絵をかきます。

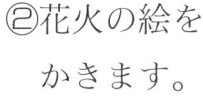

③少なめの水で溶いたポスターカラーを手早くぬります。

| しろ |
| あか |
| きいろ |
| だいだい |
| みずいろ |
| きみどり |
| おうど |
| ももいろ |
| レモン |
| はだいろ |
| しゅいろ |
| うすむらさき |

1　ドンとなった花火

○**留意点**　プラスチックのカードケースに入れて飾ってみると立派に見えます。
○**効　果**　ポスターカラーでぬりつぶした後，パッと現われるところが花火そっくりです。

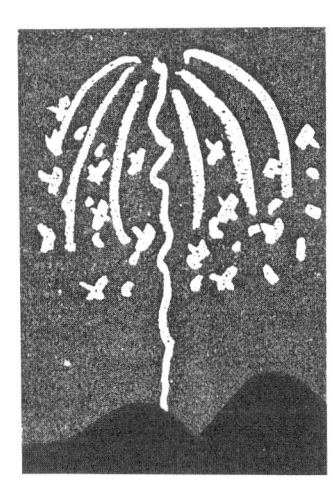

黒の色画用紙を切って山や屋根などの夜景を下にはると，より花火らしく見えます。

2 しんぶんかいじゅう

○**用意するもの**　小さく切った新聞紙
　　　　　　　　八つ切り画用紙，のり，カラーペン

①新聞紙1枚から16人分とれます。

②破ります。

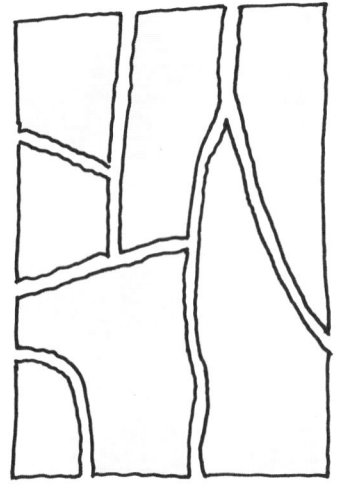

向きをヨコにして破くとまっすぐ破けますから，わざとタテにして破ります。

7～8分割したところで破るのをやめます。

2 しんぶんかいじゅう

○**留意点** のりは全部につけなくてもかまいません。やりなおしがすぐできます。
○**効　果** 同じものはできませんから個性的な表現が楽しめます。

③破いた中から口をあけた頭をえらび，目玉をかいてから体を好きなようにはっていきます。

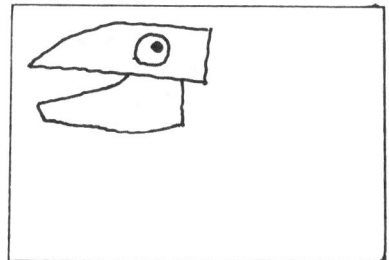

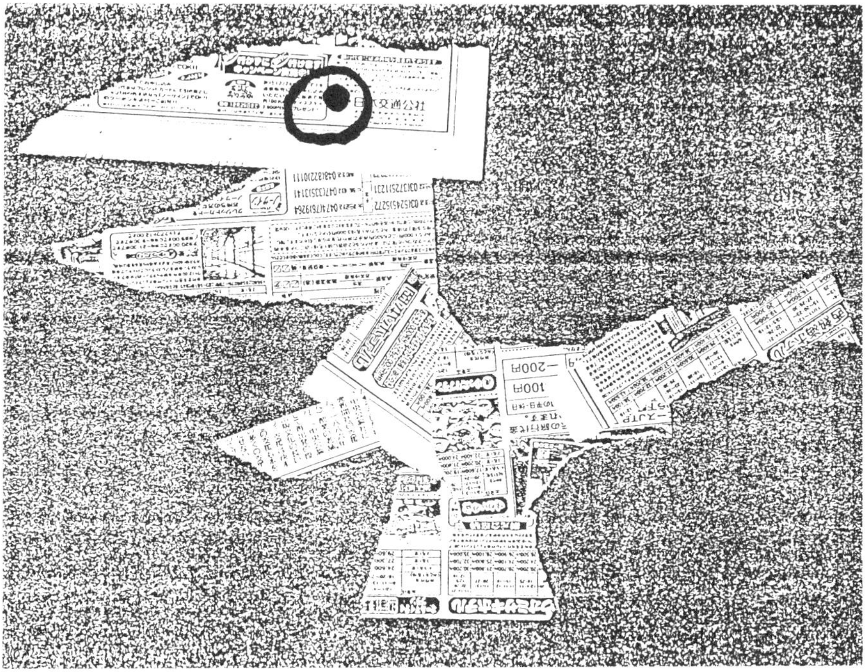

3 ぼかし花　にじみ花

○**用意するもの**　水溶性のカラーペン

　　　　　　　　6×6 cm の障子紙

　　　　　　　　綿棒，小皿，丸を切り抜いた厚紙

①点や線を放射状に並べてかきます。

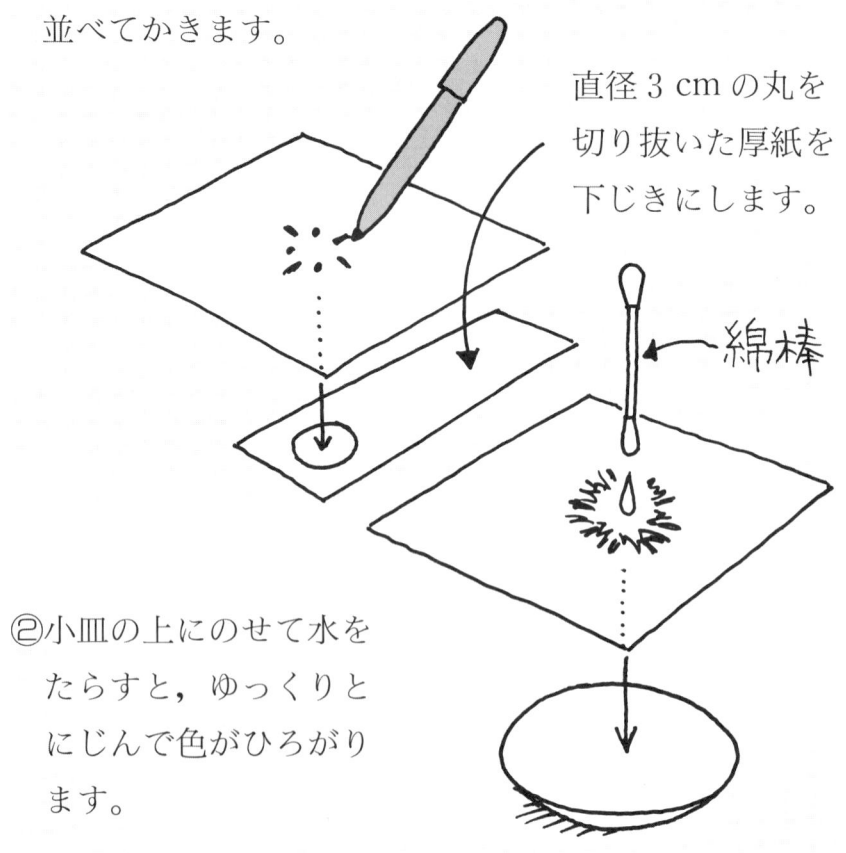

直径 3 cm の丸を切り抜いた厚紙を下じきにします。

綿棒

②小皿の上にのせて水をたらすと，ゆっくりとにじんで色がひろがります。

3　ぼかし花　にじみ花

○**留意点**　水をつける時には水平にすることと，下にくっつけないことです。（小皿を使う。）

○**効　果**　何度も作るうちにきれいな配色のコツがわかってきます。

水をたらすために，まん中にペンの色をつけないようにします。

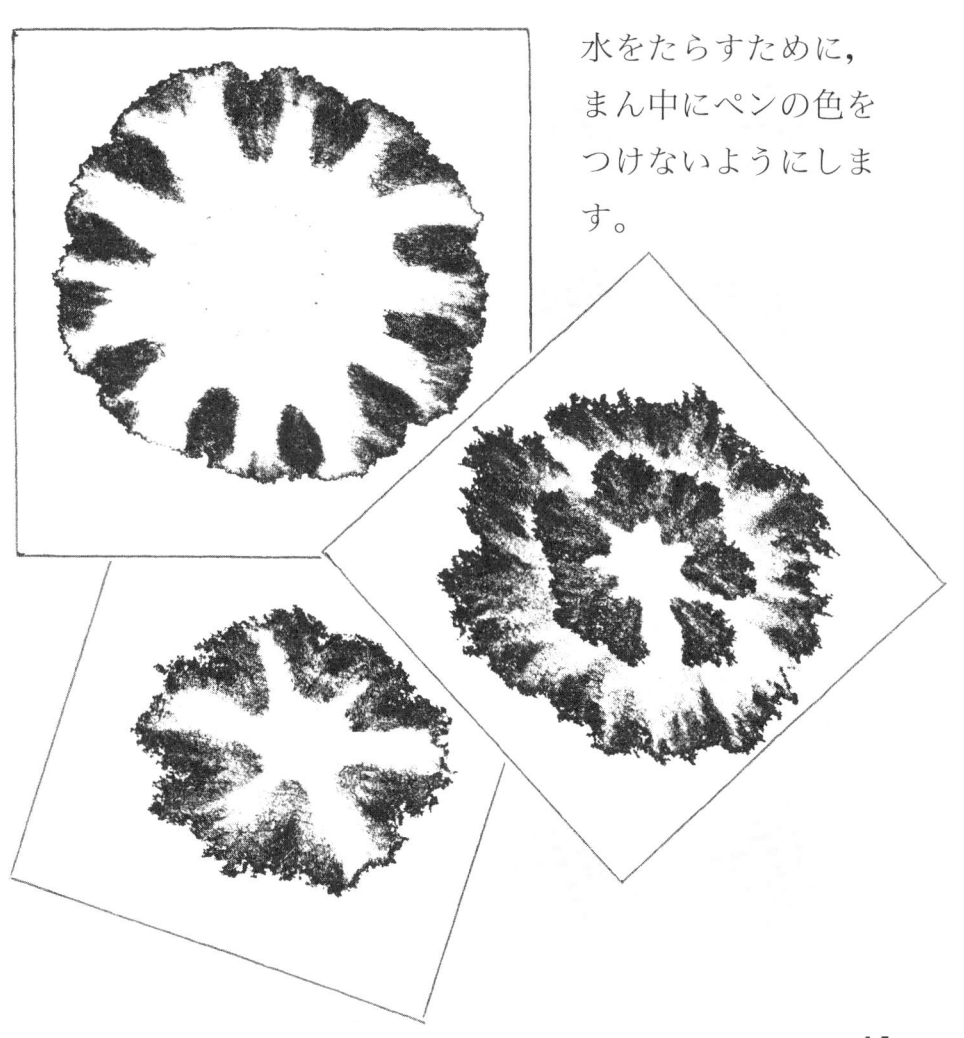

4 ひっかき絵

○**用意するもの**　9×7cm くらいの画用紙，のり
　　　　　　　　　明るい色のクレヨン，竹ぐし，布テープ
　　　　　　　　　ドライヤー，ポスターカラーの黒(大)（ペンタイプ）

①まわりを1cm残して
　クレヨンを不規則に
　ぬります。

②ドライヤーを
　あててクレヨンを
　定着させます。

③ポスター
　カラーで
　ぬりつぶします。

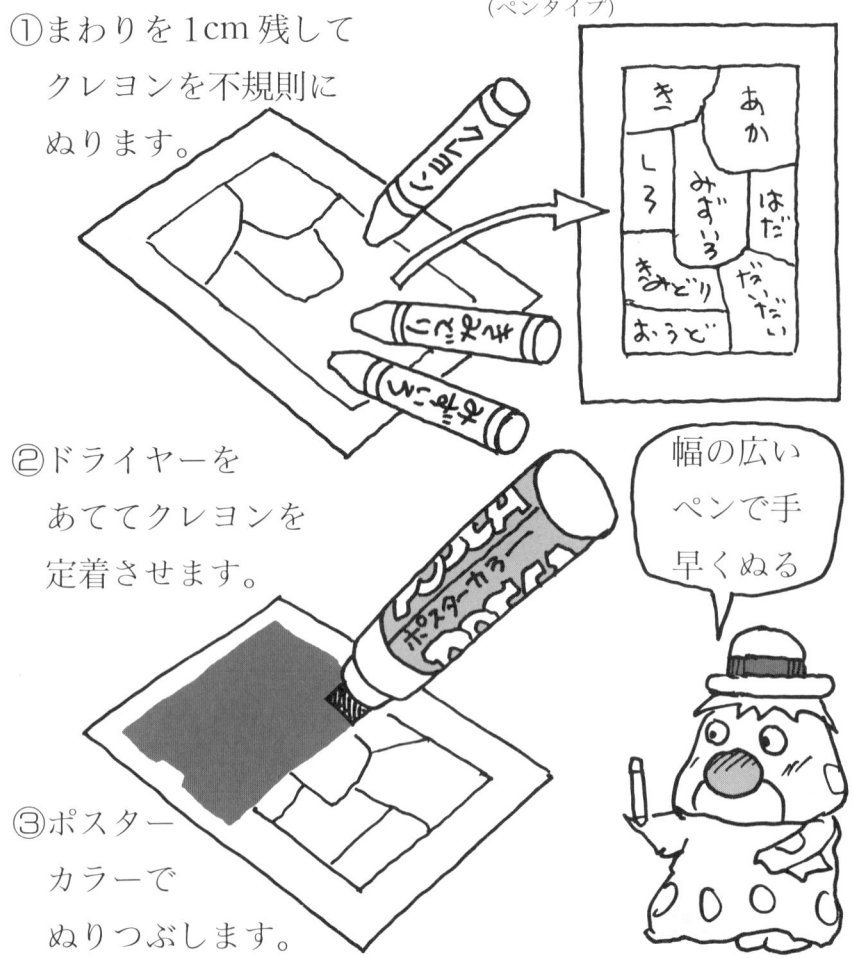

幅の広いペンで手早くぬる

4 ひっかき絵

○**留意点** ケント紙のようなツルッとした紙だと，よりきれいな絵が作れます。
○**効　果** 独創的な作品が作れます。

④同じ大きさで，紙の額を作ってはりつけます。

⑤ひっかき用のペンを竹ぐしで作ります。

布テープ

握りを太くすると使いやすくなります。

⑥ひっかくといろいろな色が浮かび出てきます。

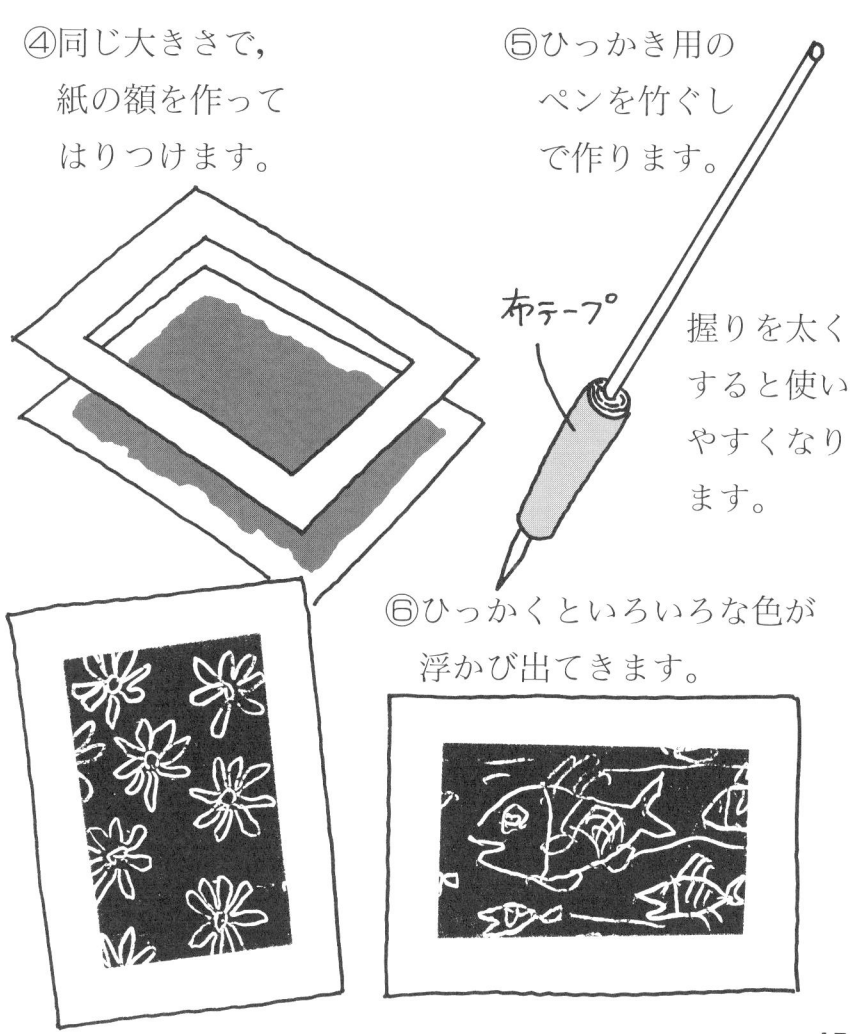

5 合わせ絵模様

○**用意するもの**　八つ切りの画用紙を8分割
　　　　　　　　水彩絵の具（黒，赤，黄，水色）
　　　　　　　　筆，小皿，色画用紙，のり

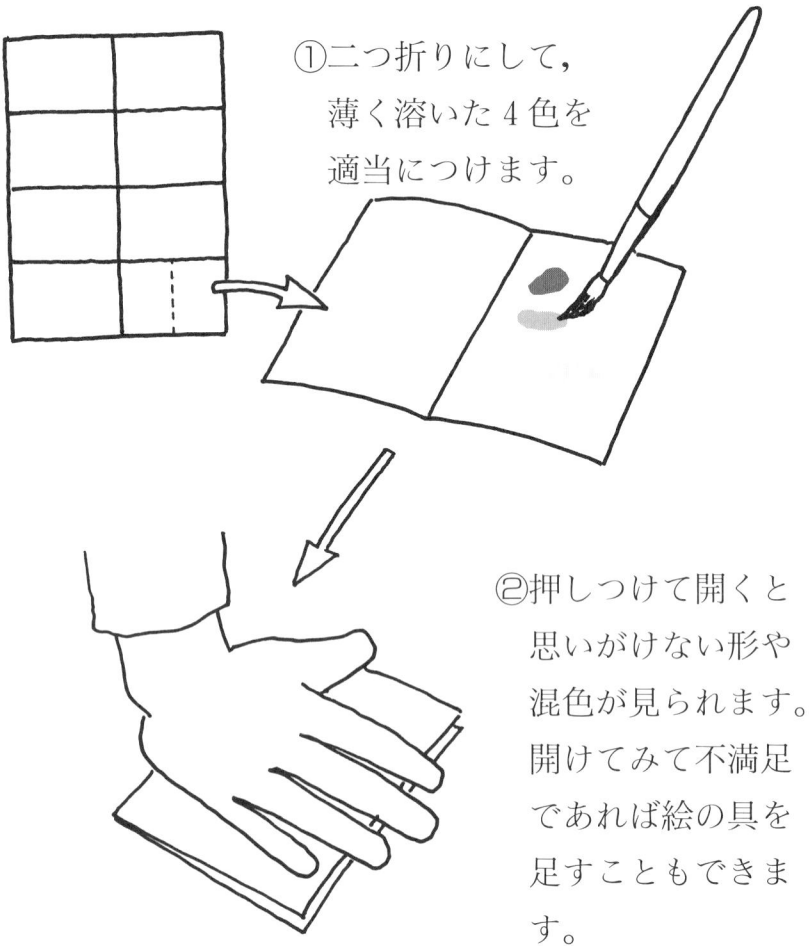

①二つ折りにして，薄く溶いた4色を適当につけます。

②押しつけて開くと思いがけない形や混色が見られます。開けてみて不満足であれば絵の具を足すこともできます。

5　合わせ絵模様

○**留意点**　絵の具は乾くと転写できませんから手早くぬってください。

○**効　果**　いつもオリジナルで同じものが二度とできないので何度もやりたくなります。

③色画用紙（八つ切り）を４分割したものを台紙にします。

こうすると作品が立派に見えます。

6 切り絵模様

○**用意するもの**　正方形のおりがみ，はさみ，のり
　　　　　　　　色画用紙

おりがみを四つに折って。

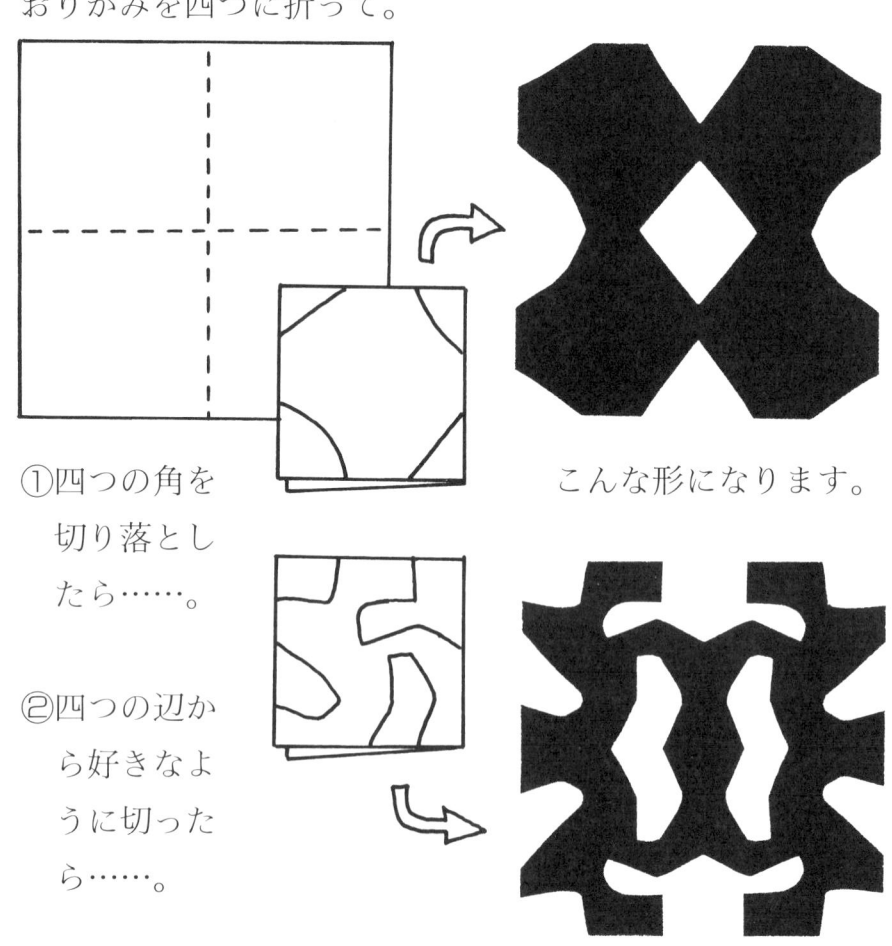

①四つの角を切り落としたら……。

②四つの辺から好きなように切ったら……。

こんな形になります。

6 切り絵模様

- ○**留意点** はじめは小さいおりがみからが，やりやすいものです。
- ○**効　果** どんな形になるのか，わからないのでおもしろさが続きます。

同じ大きさのおりがみで，きれいな配色を考えてはってみるとか，少し大きめの色画用紙を台紙にしてはると作品がよく見えます。

7 コロコロスタンプ

○**用意するもの**　フィルムケース，めうち，竹ぐし
　　　　　　　　布両面テープ，スタンプ台
　　　　　　　　3mmの太さのたこ糸30cm

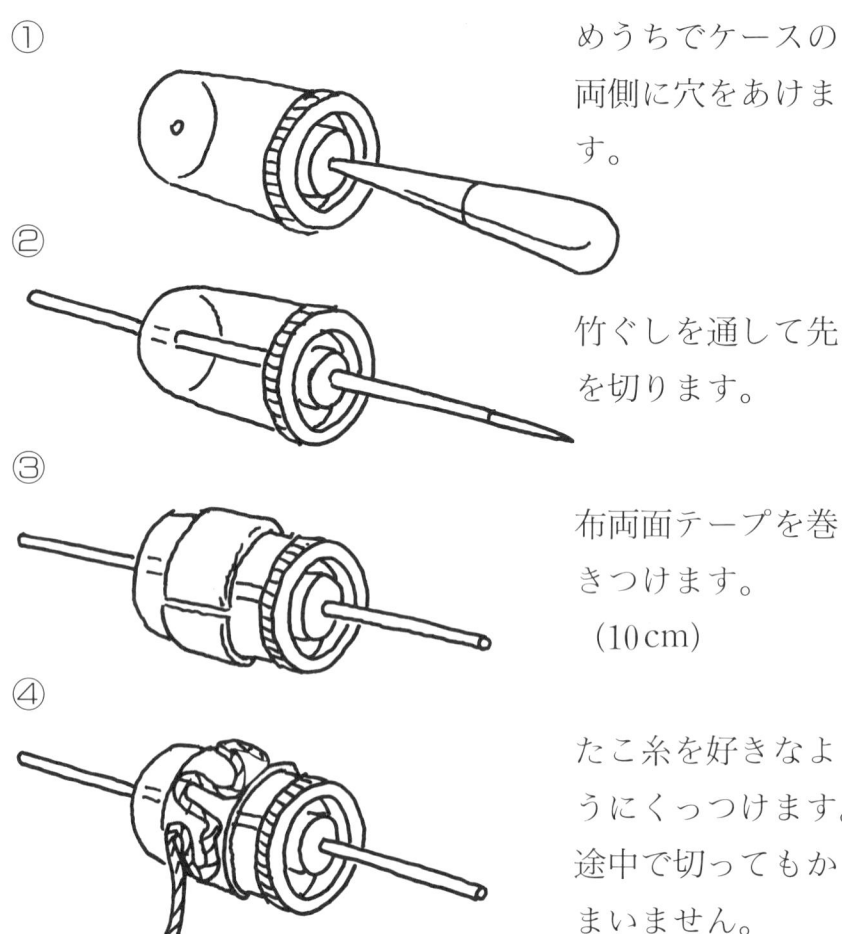

① めうちでケースの両側に穴をあけます。

② 竹ぐしを通して先を切ります。

③ 布両面テープを巻きつけます。
　（10cm）

④ たこ糸を好きなようにくっつけます。途中で切ってもかまいません。

7 コロコロスタンプ

○**留意点**　たこ糸は太さ3mm以下は使わないように。3mm以上のものにしてください。
○**効　果**　思いがけない模様の連続です。

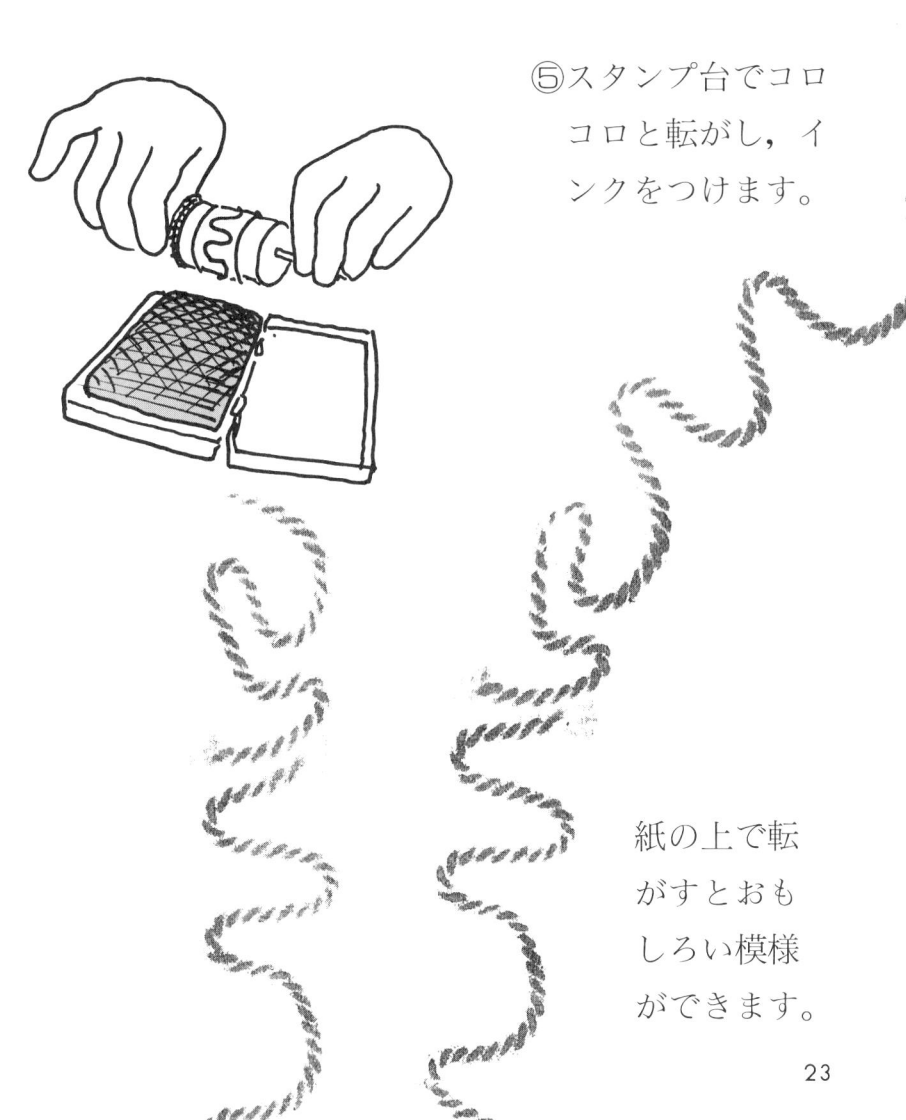

⑤スタンプ台でコロコロと転がし，インクをつけます。

紙の上で転がすとおもしろい模様ができます。

8 切り抜きスタンプ

○**用意するもの**　名刺くらいに切った小さな画用紙
　　　　　　　　カッターナイフ，コピー用紙
　　　　　　　　色鉛筆

①シンプルな形を切り抜いて，色鉛筆で中をぬって形を写します。

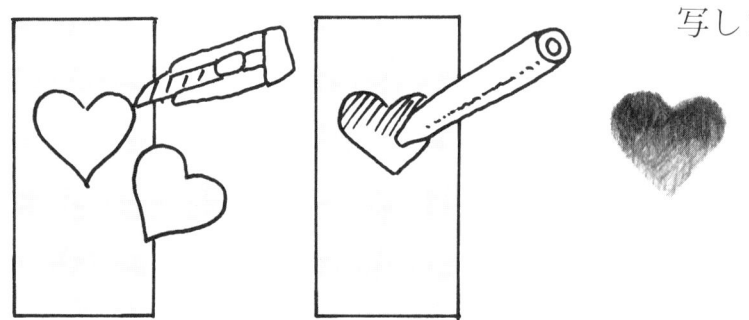

②動かないようにしっかり押さえて。

１色よりは濃い色と淡い色を合わせてぬればきれいです。

8 切り抜きスタンプ

○**留意点**　机の上のような硬い面の上で，ツルツルした紙に写すときれいです。
○**効　果**　同じ形でも色を変えて何度も試せます。

5ページを参照して「コピー」の方法で写してから，切り抜いてください。

9 おしゃれシャツ

○**用意するもの** 雑誌のカラーグラビア，包装紙
はさみ，のり，台紙にする厚紙

①左右から折って下半分開く。　②上を少し残して折る。

④うら返して肩を折る。

③えりを折る。

⑤えりくびを折って表に返します。

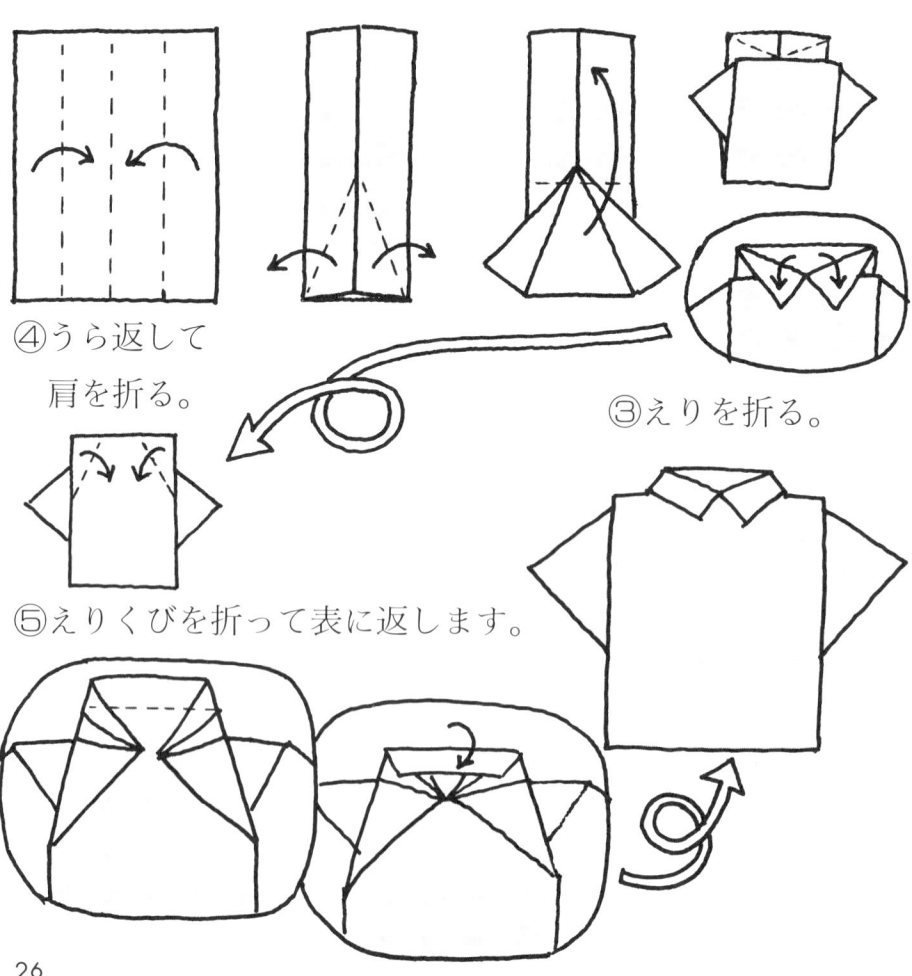

9 おしゃれシャツ

○**留意点** 折った時に出る印刷の柄を考えてページを選んでください。

○**効　果** いいシャツが作れるようになると，どんどん作りたくなります。

⑥肩と袖口を切りとります。

⑦厚紙の台紙に，はりつけて飾ります。

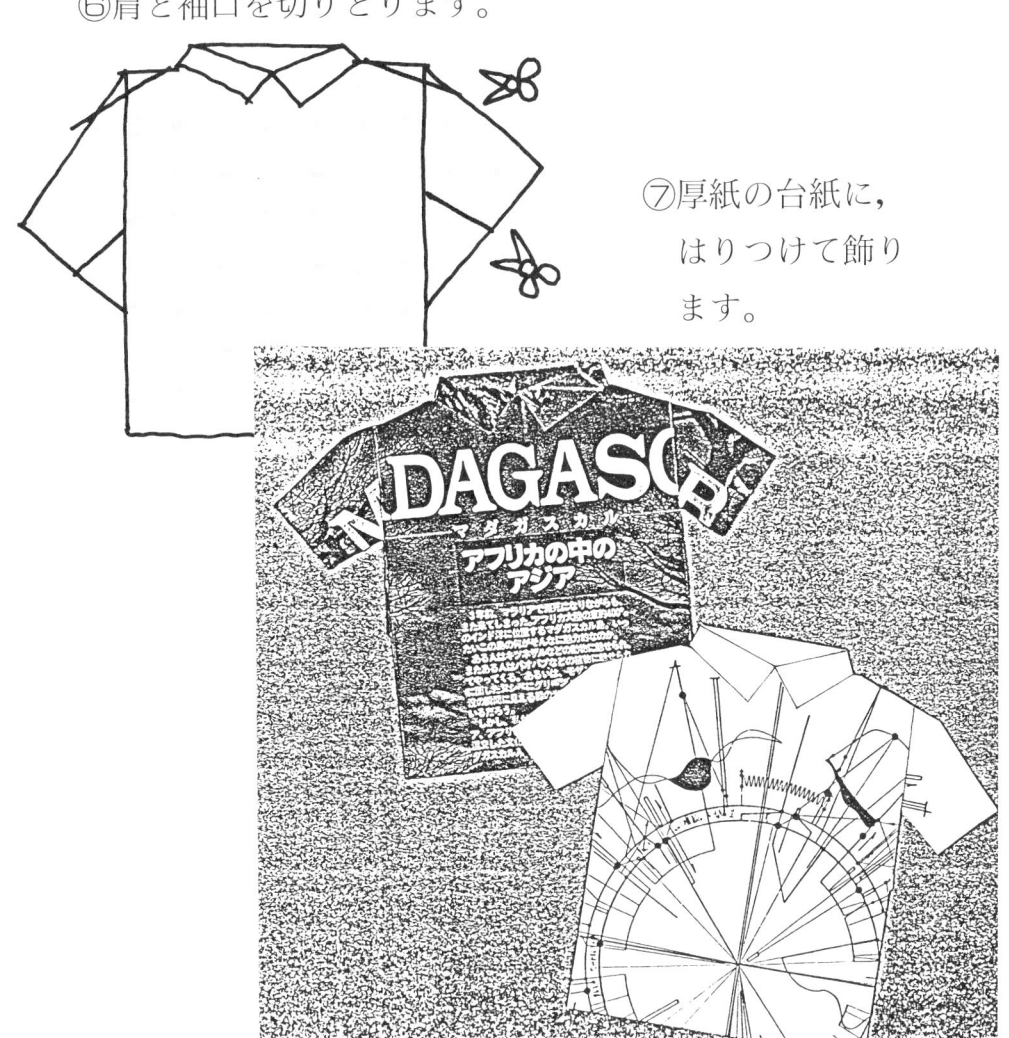

10 犬の親子

○**用意するもの**　おりがみ，はさみ，丸ラベル
　　　　　　　　細字用ペン

①三角に折って。　②かぶせ折りでしっぽ。

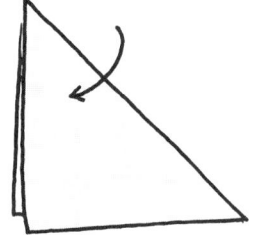 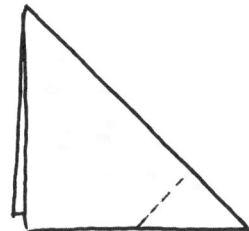 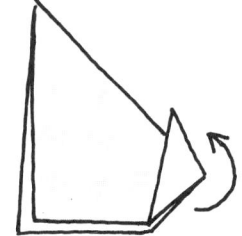

③背中を押さえて開くと前足。　④角を下に折り頭。

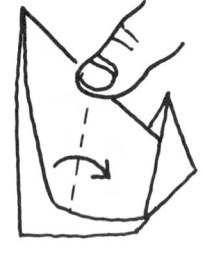  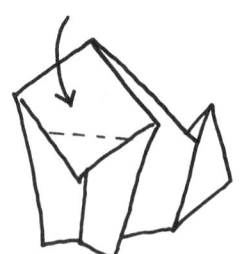

⑤三角を折り上げて鼻。　⑥左右切りこんで耳。

10 犬の親子

○**留意点**　厚紙の台紙にはってもいいし，そのまま足先にボンドをつけて立たせることができます。
○**効　果**　折り方と切り方でいろいろな犬の表現ができます。

⑦折り上げた三角の先をさらに折ってもいいのです。

⑧丸ラベルで目や鼻をつけます。

大小のおりがみで母と子にしてもかわいいです。

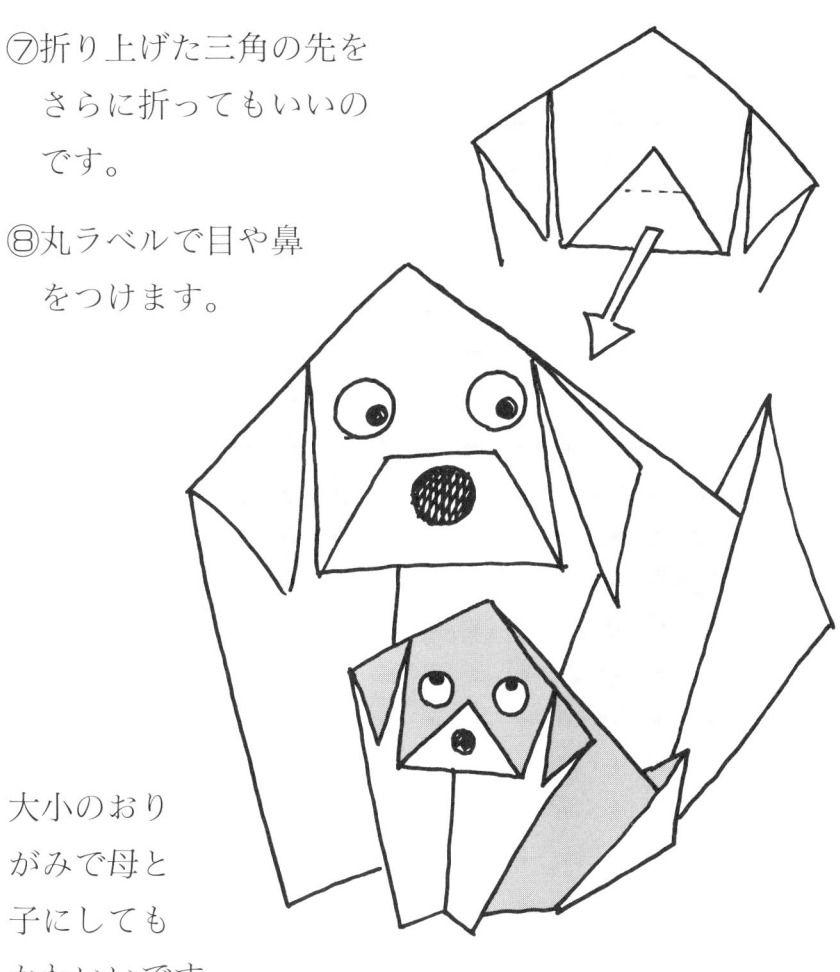

11 水鳥のいる池

○**用意するもの**　木工用ボンド，はさみ
　　　　　　　　池にする厚紙やダンボール片
　　　　　　　　色画用紙（緑，水色）

①三角に折って。　②中に合わせ。　③二つ折りにしてかぶせ折り。

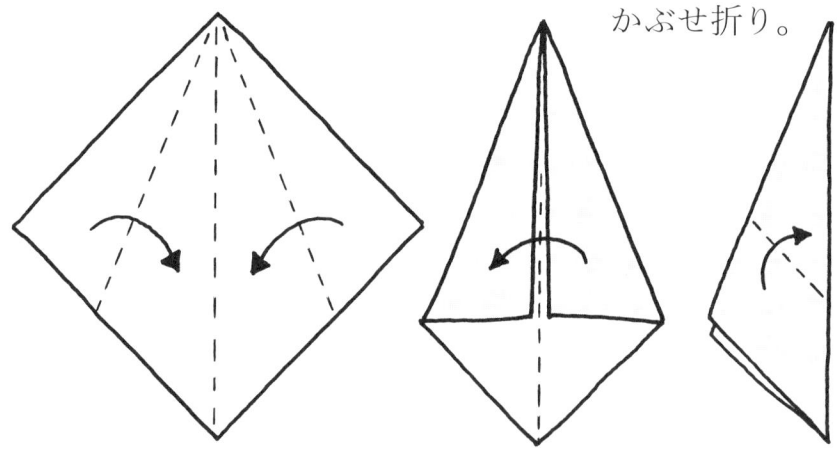

④くちばしを内側に折りこんで。

⑤目をかいたりラベルをはったりします。

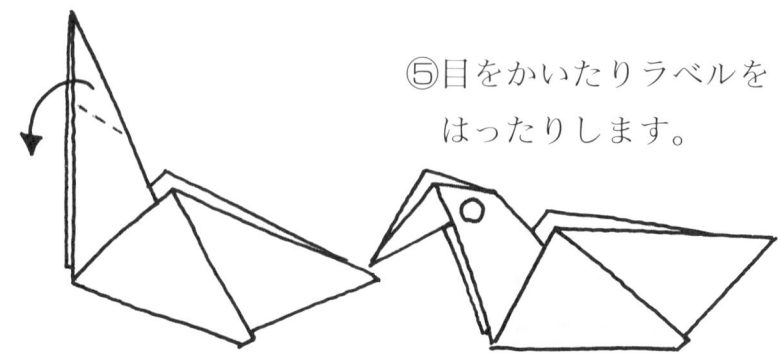

11 水鳥のいる池

○**留意点** 水鳥の数によって舞台になる池の大きさは変えられます。ボンドで固定しなくてもかまいません。

○**効　果** 共同製作として作れます。

⑥水鳥も水草も、へりにボンドを少しつけて立たせます。

水草はわざと不揃いに切りましょう。

池は水色にぬってもかまいません。

31

12 うさぎ

○**用意するもの**　白い画用紙，紙皿，はさみ，のり
　　　　　　　　　赤いペンとピンクのクレヨンなど

①型紙から画用紙に写しとったうさぎを切りとって，首の部分を折ります。

②両足を前，尾を後に折ります。

③赤い目玉をかきこんで，ピンク色にぬれるもので耳に色をつけてください。

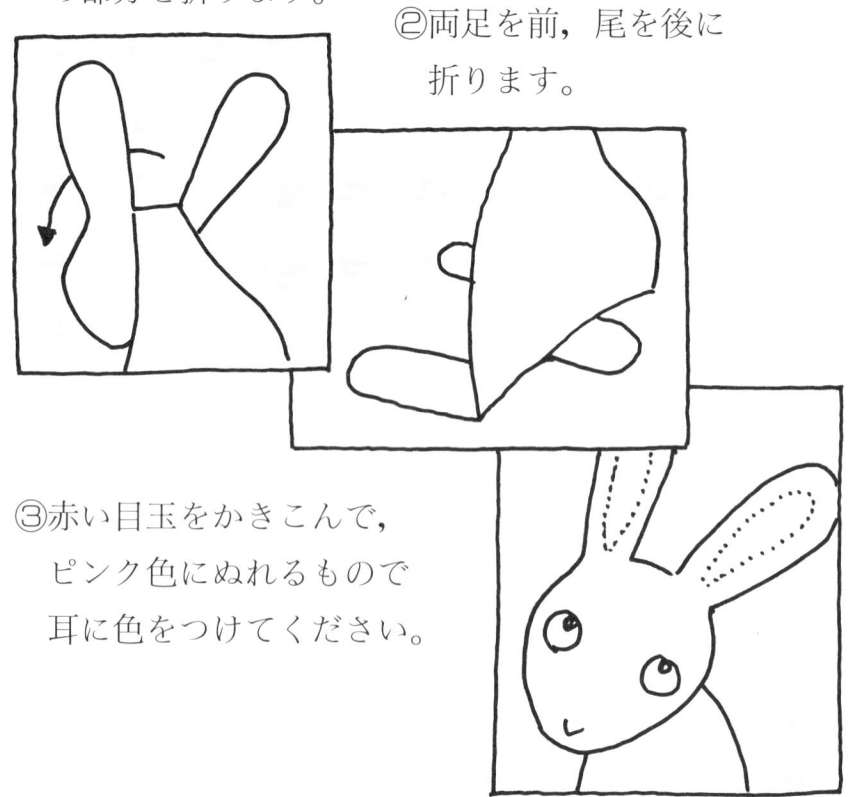

12 うさぎ

○**留意点** 紙皿の底を緑にぬると白いうさぎがくっきりします。
○**効　果** プレゼントにもなります。

5ページの「コピー」の方法で写してください。

④紙皿をふせ，少し足先をひろげてはります。

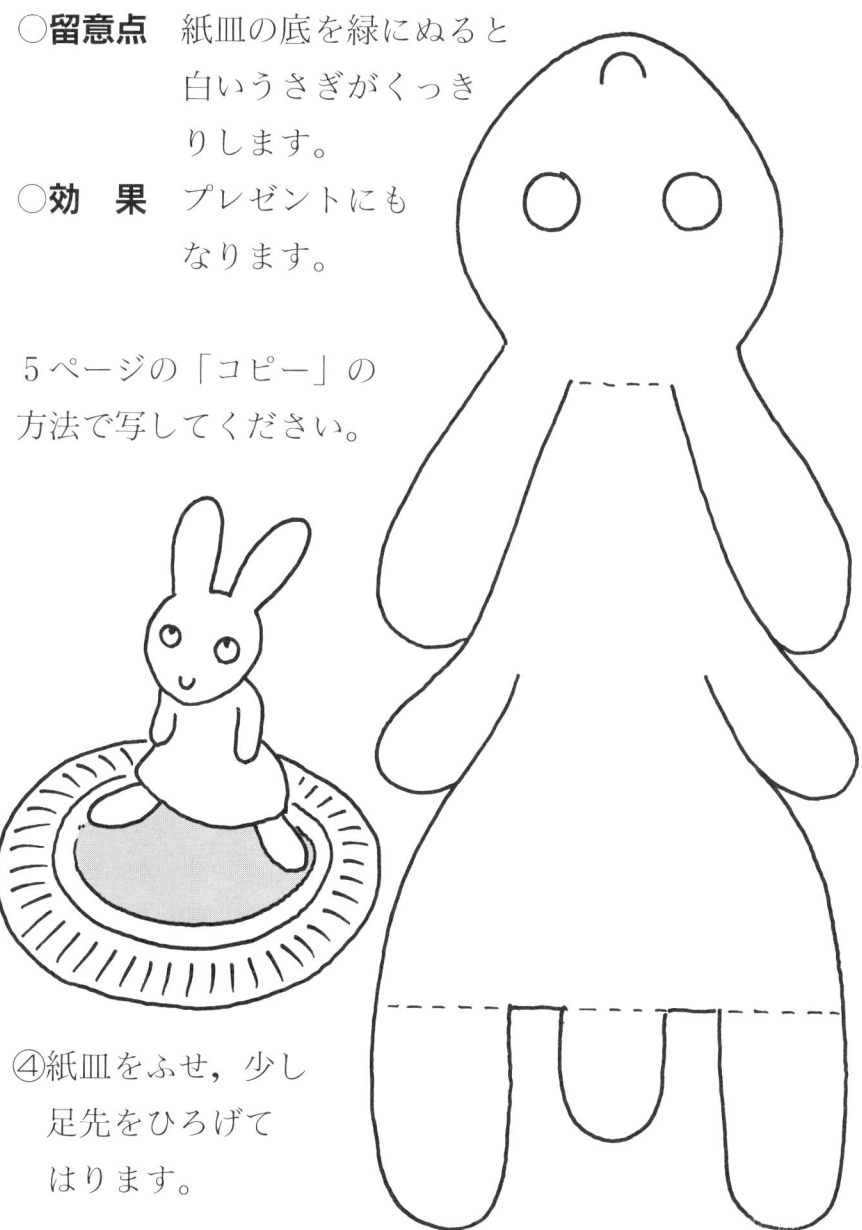

13 かわいいくつ

○**用意するもの**　15cm角のおりがみ同色2枚
　　　　　　　　　はさみ，のり，油性のペン（極細）

①のりしろを残して二つ折りではります。

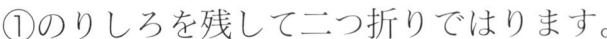

②口の片方にも，のりしろを
　折って角は切り落とします。

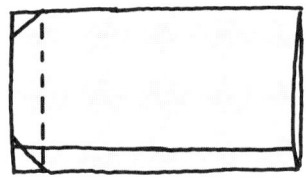

③1枚を切りとってはると
　封筒になります。

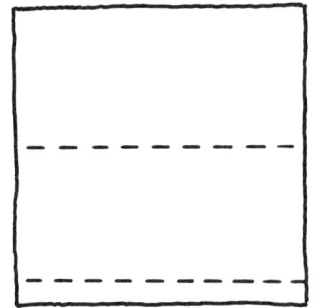

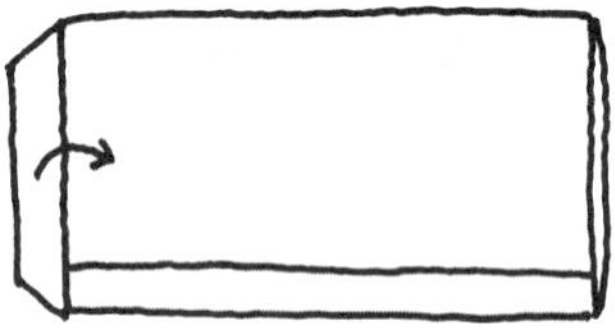

④斜線部を切りとります。

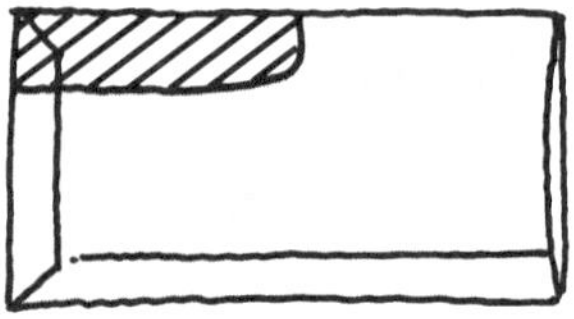

⑤たての部分を横に
　折りなおし。

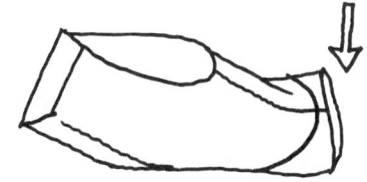

⑥くつの先を切ります。
　のりを少しつけます。

13 かわいいくつ

○**留意点** 左右のくつを同じ大きさに合わせて切れるようにします。
○**効　果** 1足よりも2足，3足と作りたくなります。

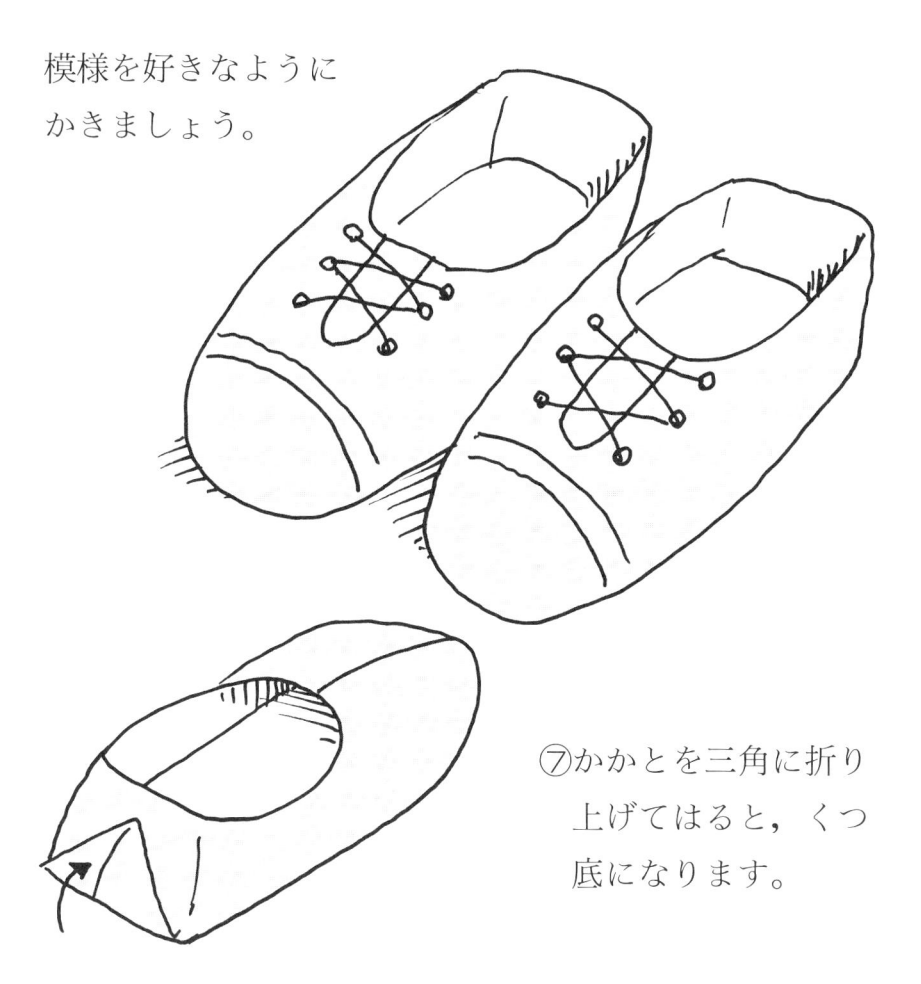

模様を好きなように
かきましょう。

⑦かかとを三角に折り
　上げてはると，くつ
　底になります。

14 花びょうぶ

○**用意するもの**　おりがみ（半分に切っておく）
　　　　　　　　セロハンテープ，はさみ
　　　　　　　　のり，画用紙

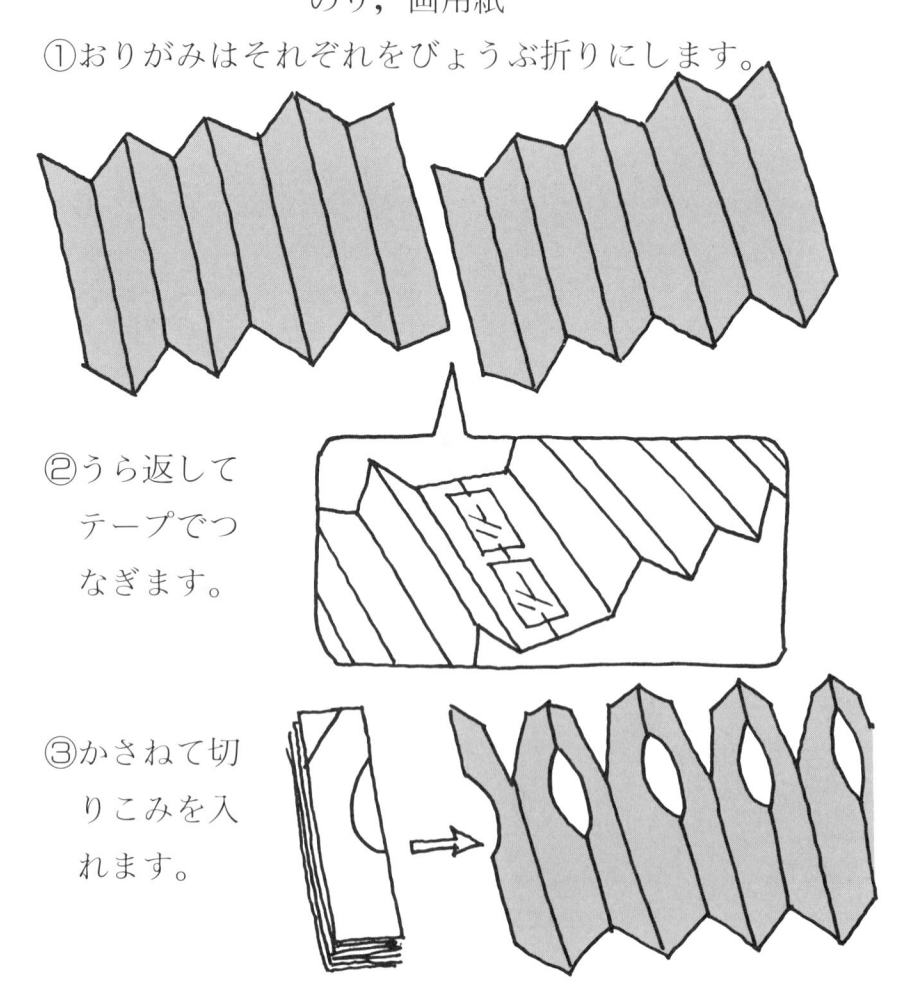

①おりがみはそれぞれをびょうぶ折りにします。

②うら返してテープでつなぎます。

③かさねて切りこみを入れます。

14 花びょうぶ

○**留意点**　中心の線から5mm下げて，はってください。

○**効　果**　昔なつかしいおもちゃの一つです。

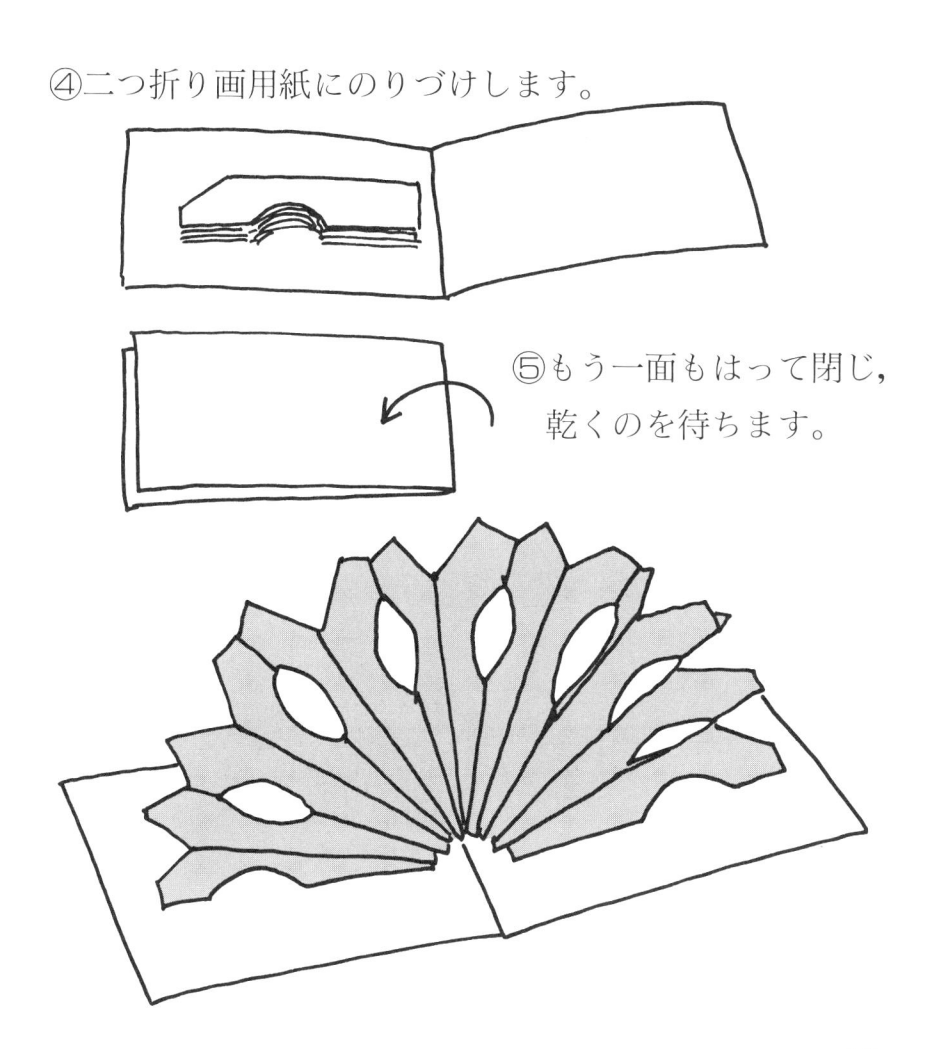

④二つ折り画用紙にのりづけします。

⑤もう一面もはって閉じ，乾くのを待ちます。

15 絵はがきスタンド

○**用意するもの**　カードケース
　　　　　　　（B6サイズ，ハードタイプ）
　　　　　　厚紙，カッターナイフ
　　　　　　両面テープ，色画用紙

①カードケースに色画用紙（12.7×18cm）を入れてから絵はがきを入れると，額入りの絵となります。

②厚紙でスタンドの支えを作ります。

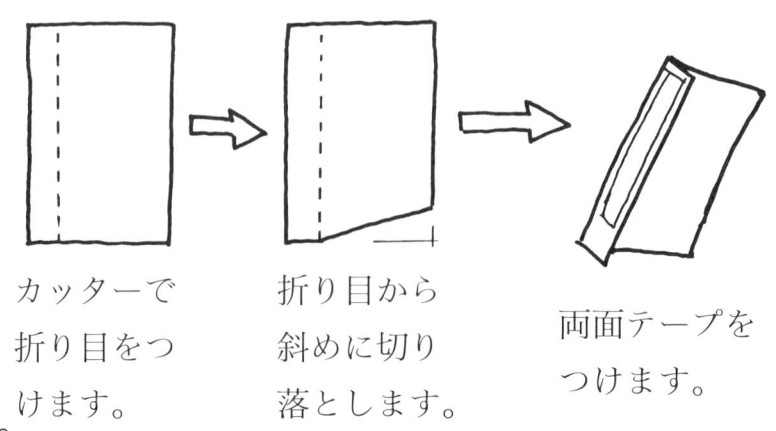

カッターで折り目をつけます。

折り目から斜めに切り落とします。

両面テープをつけます。

15 絵はがきスタンド

○**留意点**　下の絵の通りです。
○**効　果**　美術館で買って来たカードや絵はがきだけでなく,切り抜き写真や絵も入れて楽しめます。

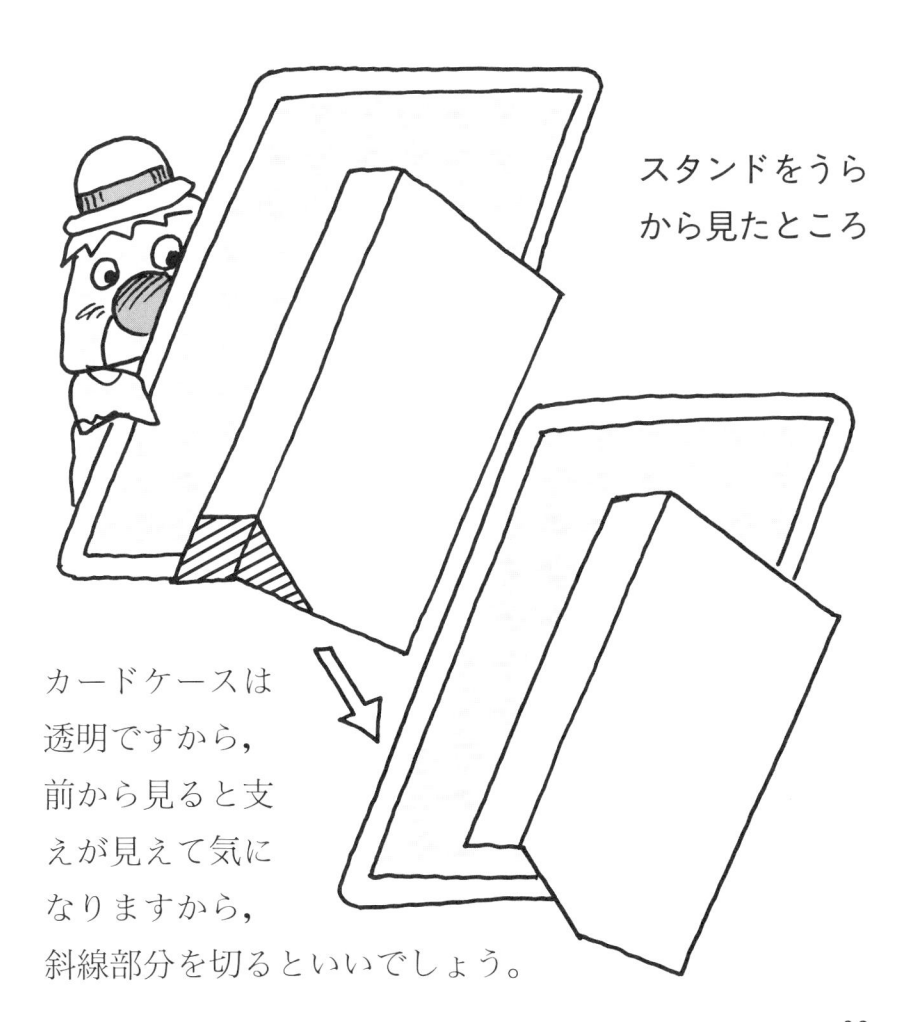

スタンドをうら
から見たところ

カードケースは
透明ですから,
前から見ると支
えが見えて気に
なりますから,
斜線部分を切るといいでしょう。

16 つまようじ入れ

○**用意するもの**　赤い色画用紙（11.5×7cm, 3×2cm）
　　　　　　　　はちまき用の紙帯, はさみ
　　　　　　　　フィルムケース, 木工用ボンド

①色画用紙を巻きつけます。

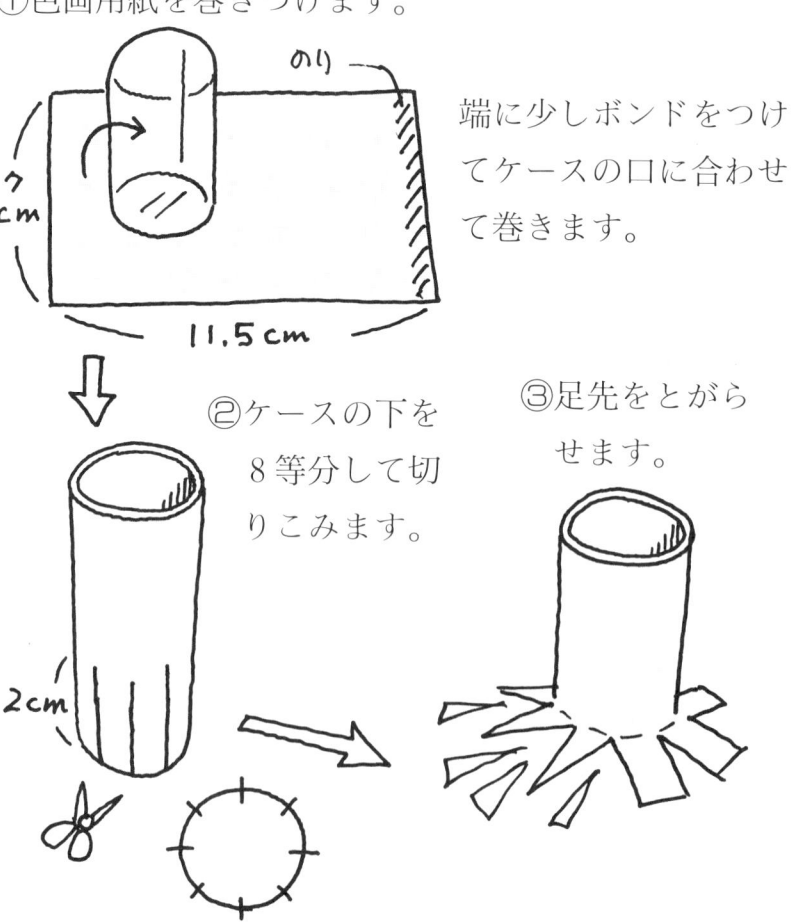

端に少しボンドをつけてケースの口に合わせて巻きます。

②ケースの下を8等分して切りこみます。

③足先をとがらせます。

16 つまようじ入れ

○**留意点** 同じような作り方で空き缶などで鉛筆立て，箸立ても作れます。
○**効　果** プレゼントに最適です。

④小さく巻いてボンドでとめて鼻を作ります。

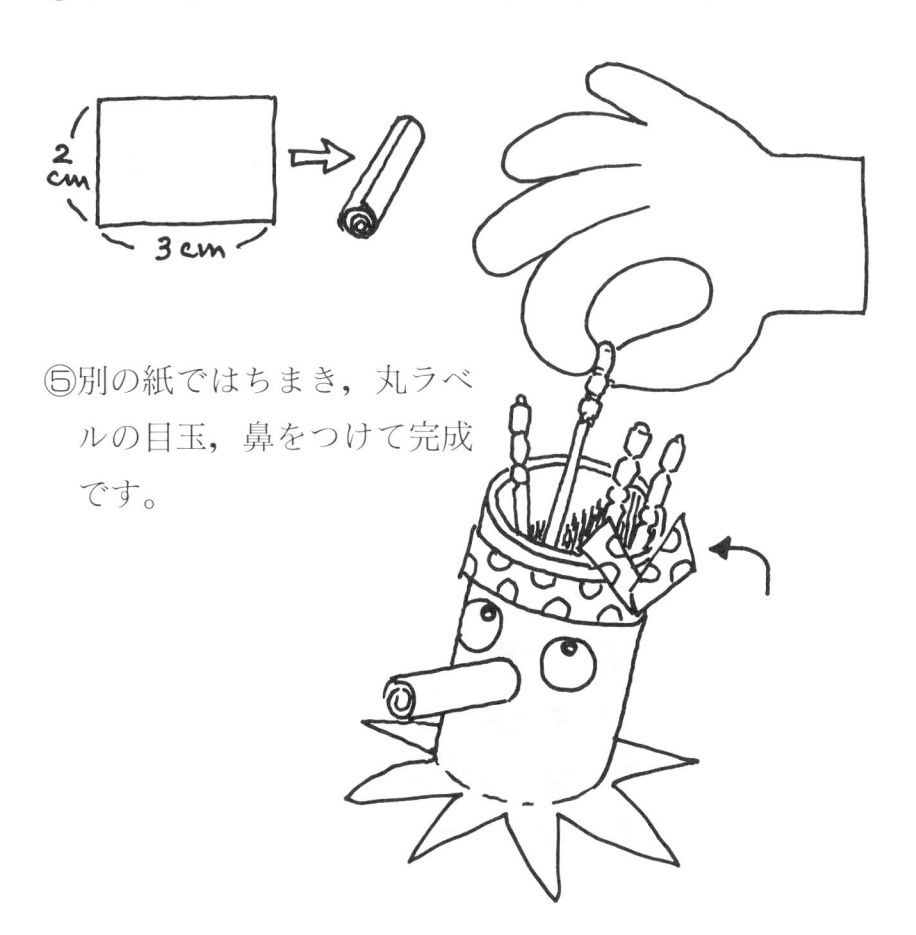

⑤別の紙ではちまき，丸ラベルの目玉，鼻をつけて完成です。

17 包装紙でお菓子箱

○**用意するもの**　画用紙のサイズに切った包装紙
　　　　　　　（長い辺を半分に折っておく）
　　　　　　丸ラベルかシール

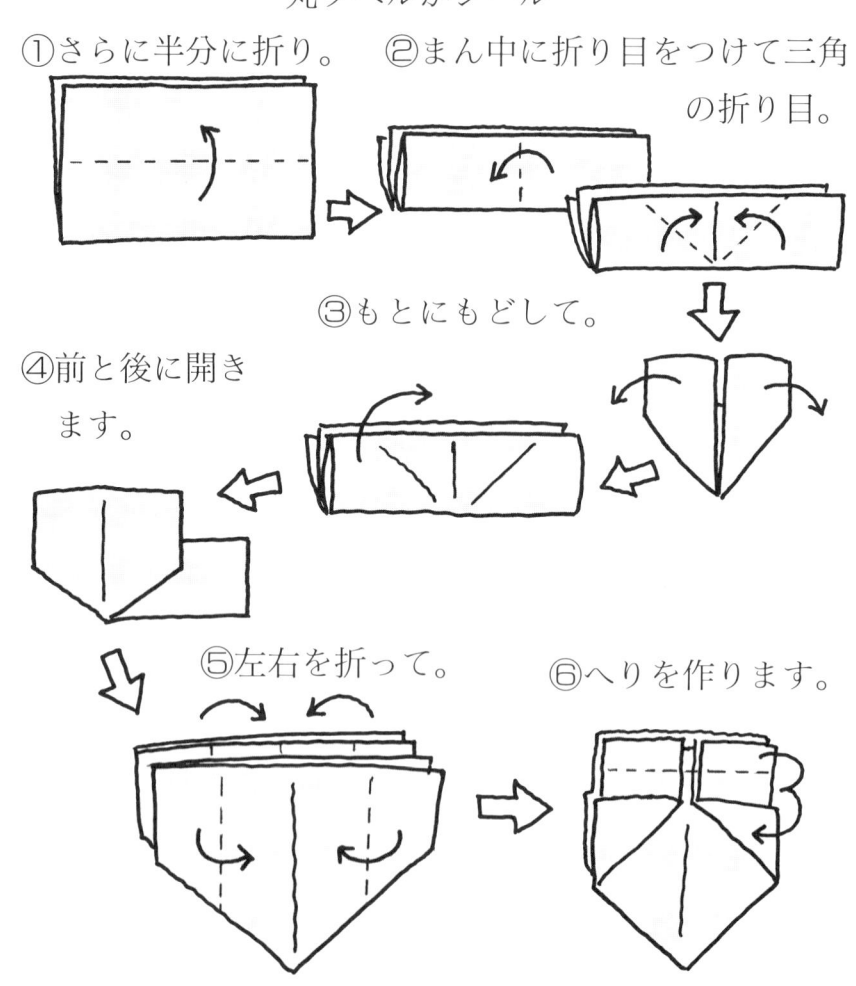

①さらに半分に折り。

②まん中に折り目をつけて三角の折り目。

③もとにもどして。

④前と後に開きます。

⑤左右を折って。

⑥へりを作ります。

○**留意点** タテとヨコの比率が画用紙のような形ならどんな大きさでも作れます。
○**効　果** いろいろな包装紙で作っておくとたたんでしまっておけます。

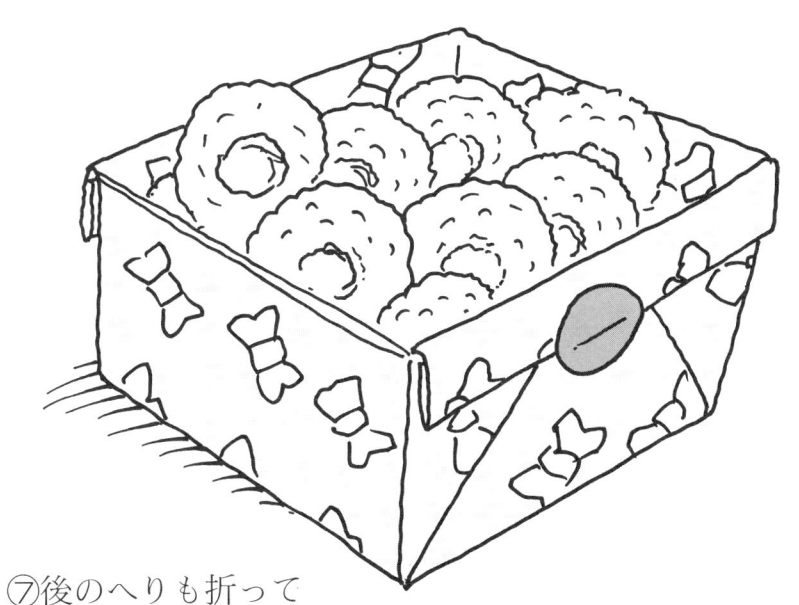

⑦後のへりも折って
　シールでとめます。

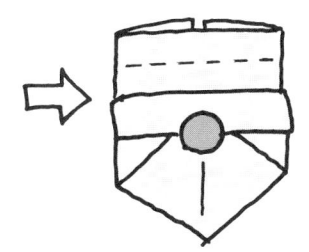

⑧底の部分に折り目を
　つけて開きます。

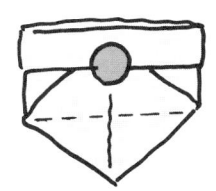

18 チラシ紙のメモ帳

○**用意するもの**　裏白のチラシ紙2～3枚
　　　　　　　　厚紙, ボールペン, 紙クリップ
　　　　　　　　木工用ボンド, カッターナイフ

①カッターナイフで8分割して揃えます。

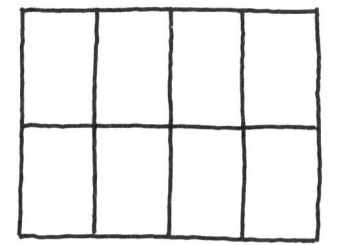

チラシ3枚で24枚になります。

②紙クリップで固定してボンドをへりにつけ, 乾いて透明になるまで待ちます。

これだけでもメモ帳として使えます。

18 チラシ紙のメモ帳

○**留意点**　チラシは同じ大きさに揃えましょう。
　　　　　　ツルツルした紙にはボールペンが向いています。
○**効　果**　実用品としてプレゼントになります。

③メモ帳より大きめの厚紙の右端に
　1cm幅の溝を切り取ります。

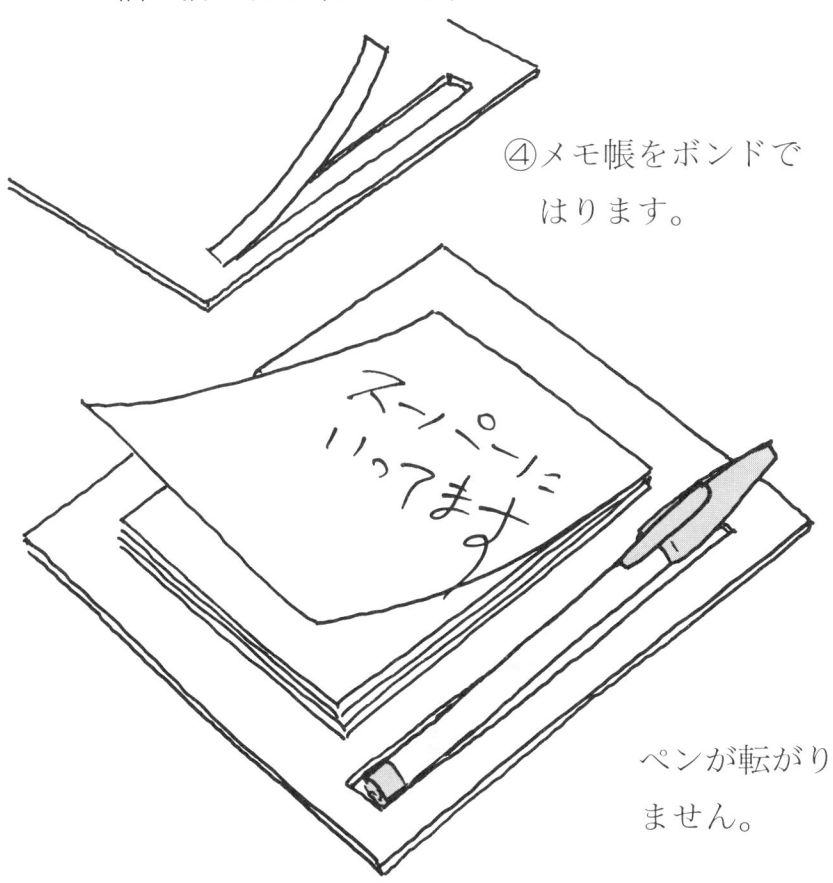

④メモ帳をボンドで
　はります。

ペンが転がり
ません。

19 プレゼント小袋

○**用意するもの**　横長に切った包装紙

　　　　　　　（いろいろな大きさでよい）

　　　　　のり，セロハンテープ

① 二つ折りにしてはり。

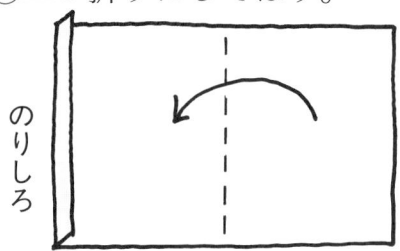

② 適当に折ります。

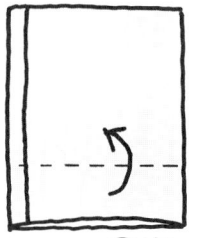

③ 口を開いて。

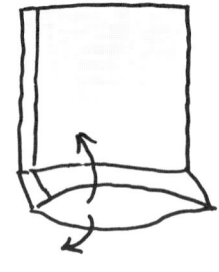

④ 三角にたたみ。

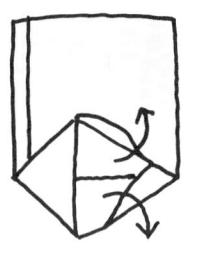

⑤ 底の下半分を折る。

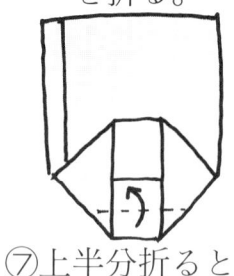

⑥ 両側を角に合わせて折り開く。

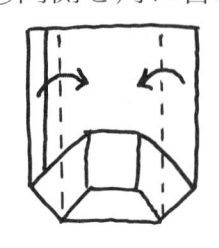

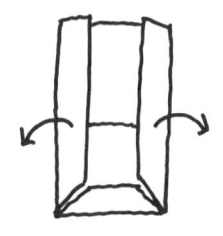

⑦ 上半分折ると底です。

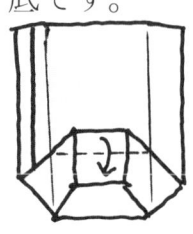

19 プレゼント小袋

○**留意点** 包装紙はリサイクルでも文具店で新しく買ったものでもかまいません。
○**効　果** おりがみとして指先の訓練になります。

⑧テープで底をとめたら，折り直して小袋にします。

小さなアクセサリー，クッキーなどを入れてプレゼントしましょう。

サイズはいろいろでも折り方は同じです。

20 吊り金魚

○**用意するもの**　赤のおりがみで「かぶと」を折ったもの，木工用ボンドはさみ，油性ペン，木綿糸

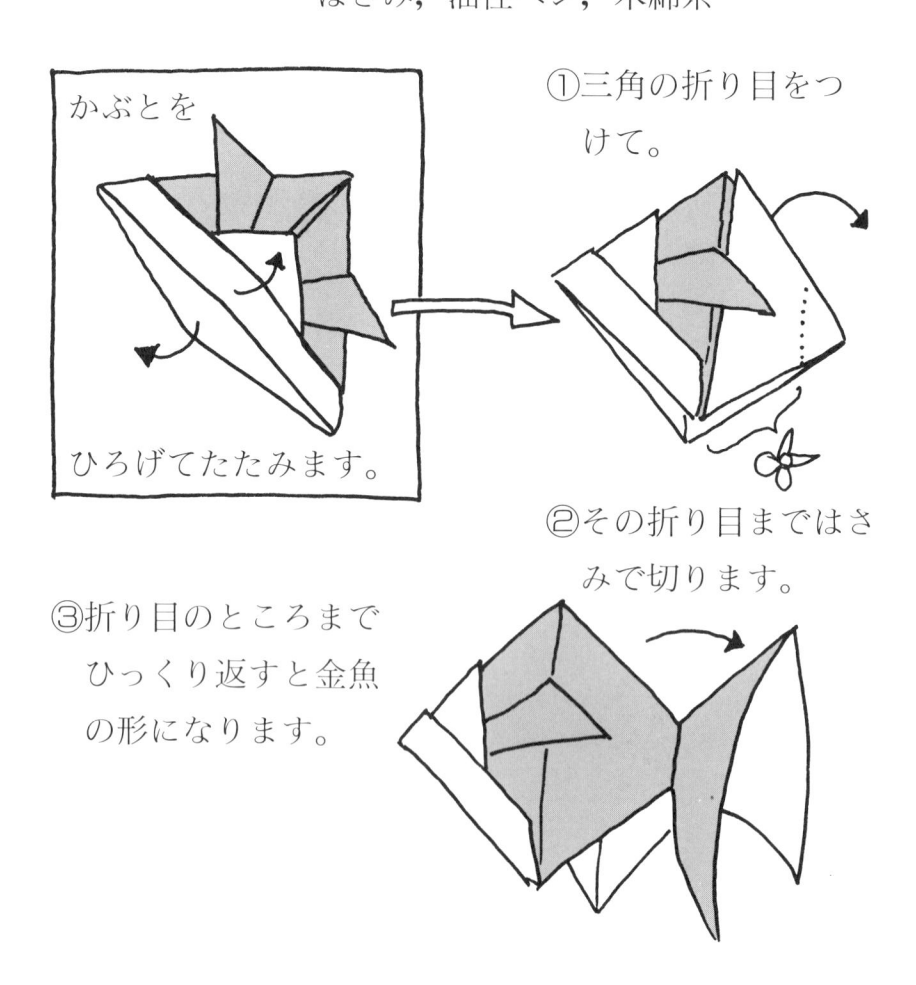

かぶとをひろげてたたみます。

① 三角の折り目をつけて。

② その折り目まではさみで切ります。

③ 折り目のところまでひっくり返すと金魚の形になります。

20 吊り金魚

○**留意点** 伝承的なおりがみ「かぶと」の作り方は別の本を参考にしてください。
○**効　果** 立体的なおりがみですから，吊るすと部屋の中が水中のようになります。

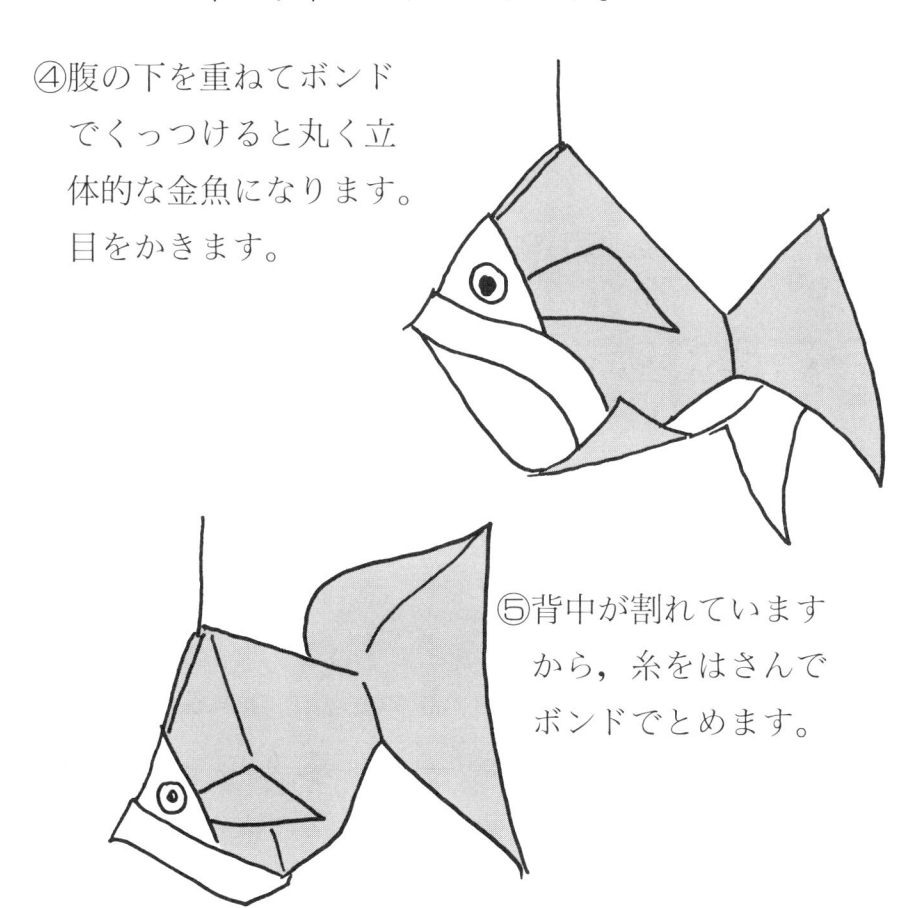

④腹の下を重ねてボンドでくっつけると丸く立体的な金魚になります。目をかきます。

⑤背中が割れていますから，糸をはさんでボンドでとめます。

21 貯金猫

○**用意するもの**　布テープ使用後の紙の輪（芯）
　　　　　　　　木工用ボンド，色画用紙
　　　　　　　　はさみ，カッターナイフ，油性ペン

①点々とボンドをつけて。

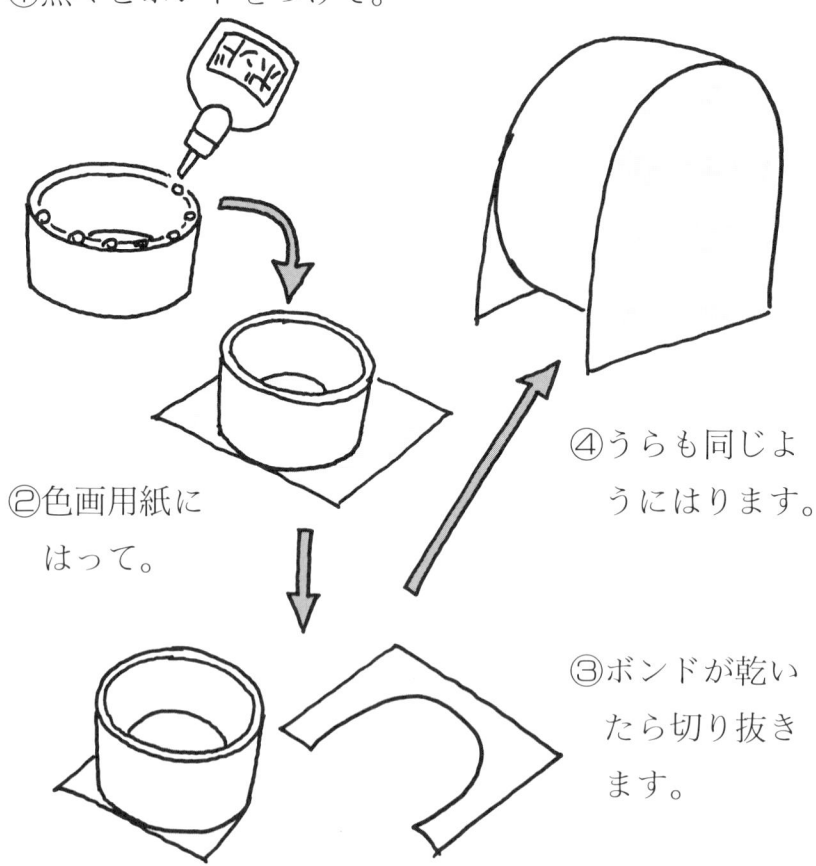

②色画用紙にはって。

③ボンドが乾いたら切り抜きます。

④うらも同じようにはります。

21　貯　金　猫

○**留意点**　猫の顔をはってから，カッターナイフで口を
　　　　　あけます。
○**効　果**　なんたってお金がたまります。

⑤猫の顔としっぽを好きなように
　切り抜いてはりつけます。

⑥お金を入れ
　る穴を切り
　抜きます。

22 まわれコスモス

○**用意するもの**　小さなおりがみ（7.5cm 角）
　　　　　　　　はさみ，ホッチキス，丸ラベル
　　　　　　　　画用紙（八つ切りの半分）

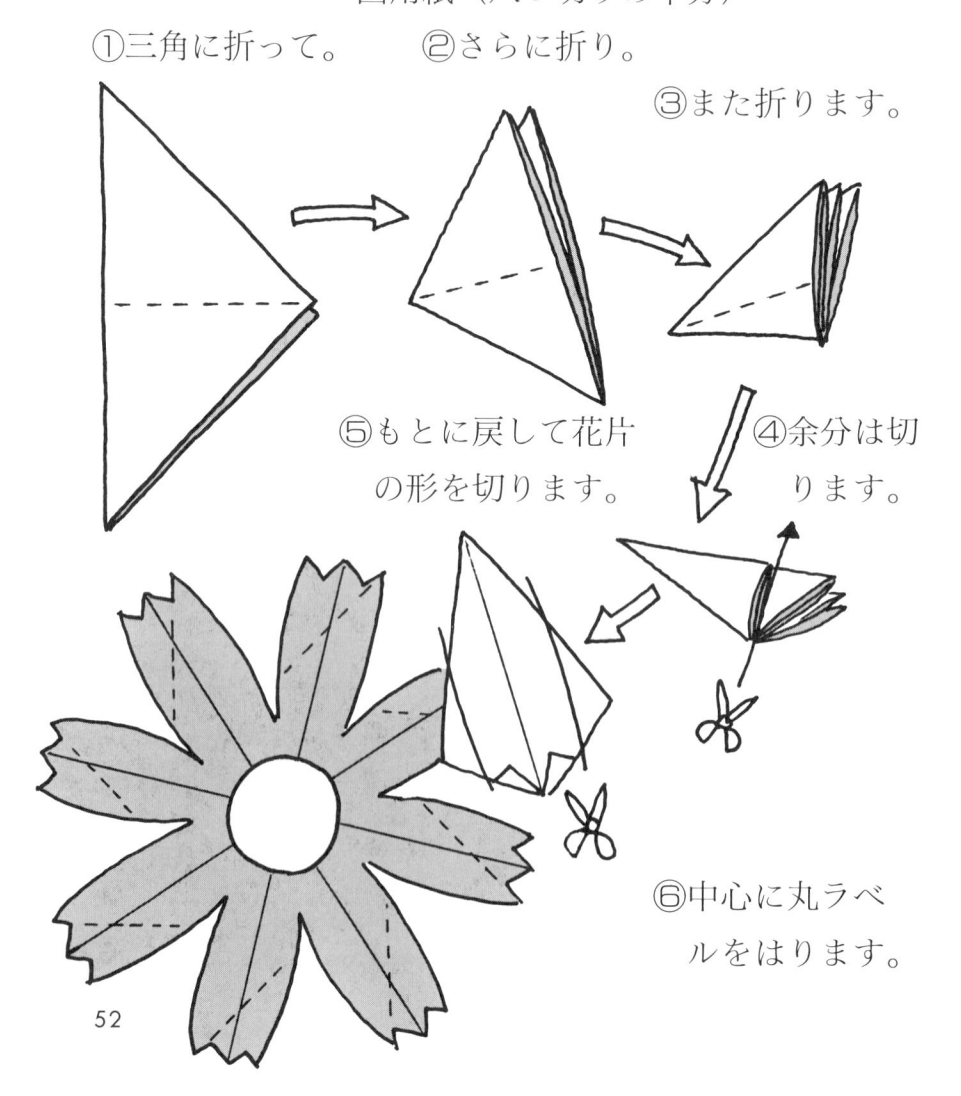

①三角に折って。　②さらに折り。

③また折ります。

④余分は切ります。

⑤もとに戻して花片の形を切ります。

⑥中心に丸ラベルをはります。

22 まわれコスモス

- **留意点** 花片を一方向に曲げて回転させます。
- **効　果** 強く吹くとくっついてまわりません。そっと吹いて，まわしつづけるようにコントロールします。

画用紙のへりを折って四隅を切りこみ，ホッチキスでとめて箱にします。

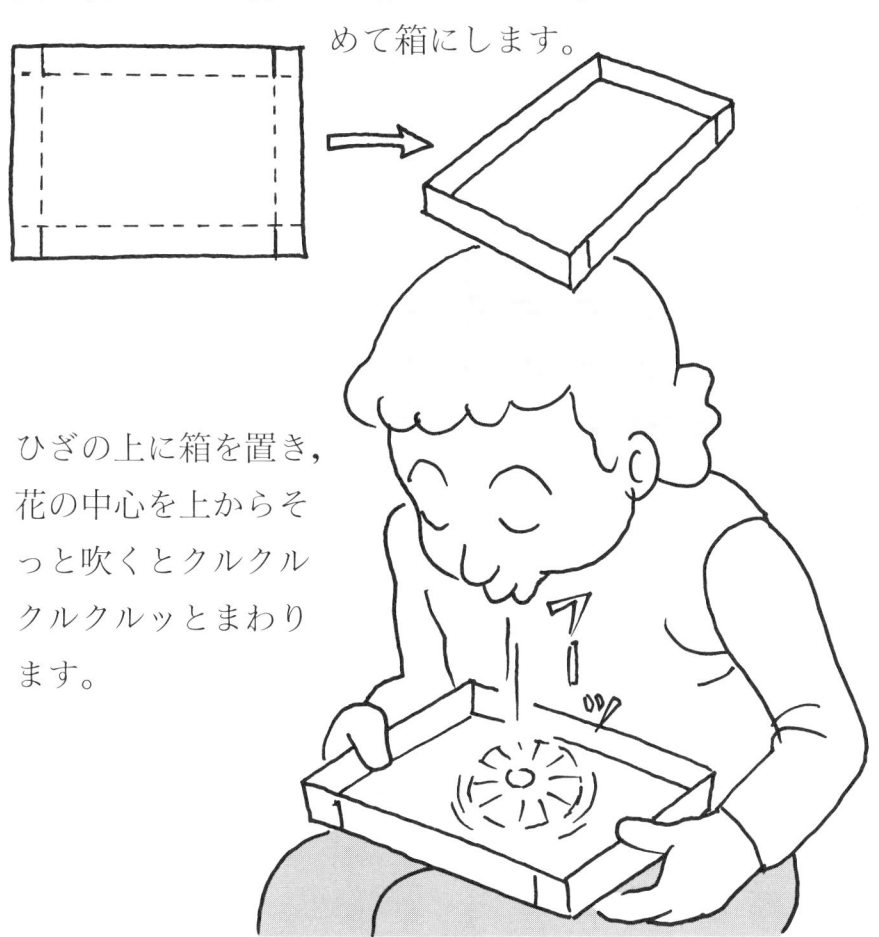

ひざの上に箱を置き，花の中心を上からそっと吹くとクルクルクルクルッとまわります。

23 紙コップター

○**用意するもの**　紙コップ，わりばし
　　　　　　　　めうち，セロハンテープ，油性ペン

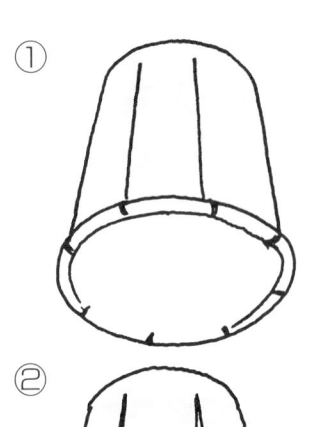

① コップの口を8分割して，底までの切り線をかきます。

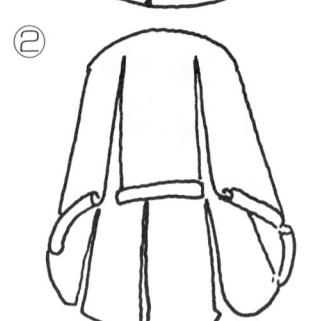

② はさみで底まで切りこみます。

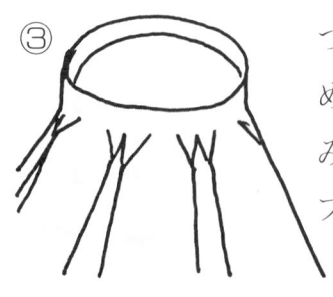

③ つけねに斜めの切りこみを入れてブラブラさせます。

④ 小さな穴をあけて頭の大きいわりばしをまっすぐさしこみ，上からテープをかぶせてとめます。

23 紙コプター

○**留意点**　わりばしがまん中にあって、グラグラしないようにしっかりとめてください。

机のヘリに押しつければ片手でも回せますし、とばすこともできます。

⑤竹とんぼの要領でとばすと下向きですがきれいにとびます。

点取りゲーム

ボール紙の輪に点数をつけて、棒が入ったら得点という点取りが競えます。

24 小さな玉入れ

○**用意するもの**　紙コップ，ポリ袋（25cm くらい）
　　　　　　　　２色のおりがみ(15cm 角)
　　　　　　　　輪ゴム，ダンボール片（2×2cm）
　　　　　　　　はさみ，両面テープ

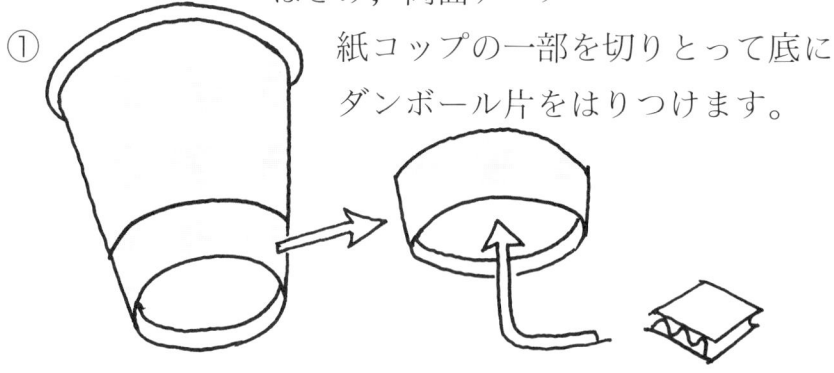

① 紙コップの一部を切りとって底にダンボール片をはりつけます。

②ポリ袋の底にダンボール片を両面テープではりつけます。

③おりがみを小さく丸めて，２つの玉を作り袋に入れます。

24 小さな玉入れ

○**留意点** おりがみの玉を作る時に色だけ見えるように丸めてください。

○**効　果** たたき方のコントロールをするので手の運動になります。

④空気を詰めて輪ゴムで閉じます。

⑤ペンのような棒で下からたたいて玉をカップに入れる競争です。

25 チラシ紙ボール

○**用意するもの** スーパーや電気機器などのチラシでやわらかいもの（大きさは新聞紙片面くらい）

丸いおにぎりを作る要領で
チラシを丸めます。
結構身体が熱くなります。

25 チラシ紙ボール

- **留意点** 握力の足りなかったボールは必ず握り直してあげましょう。
- **効　果** 紙を丸める握力強化とゲームにおいての機敏な動きの訓練です。

あげましょゲーム

はじめは2個くらい。だれに向かって転がしてもかまいません。そのうち3個，4個とボールを増やして机の上を転がして遊びます。

26 立ちん棒

○**用意するもの**　フィルムケース
　　　　　　　　切ったおりがみ（4×12cm）
　　　　　　　　ラップの芯棒

①それぞれ色の違うおりがみを選んでケースの中に巻いて入れます。

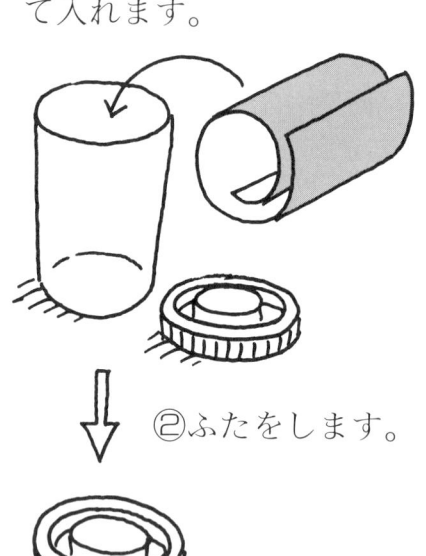

③ラップの芯棒を立ててケースを入れていきます。

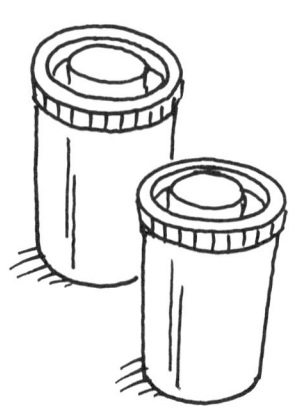

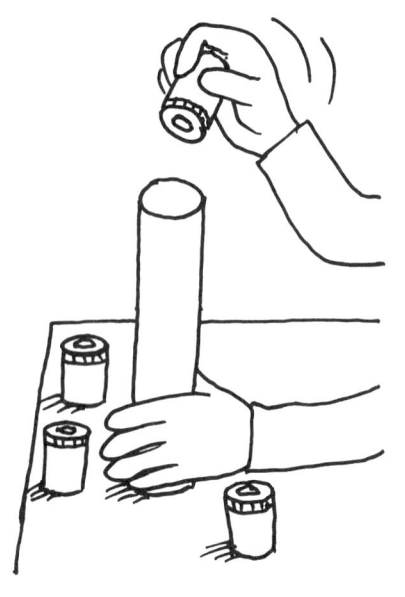

②ふたをします。

26 立ちん棒

- **留意点** 積む時にふたはふた，底は底と合わせるのがコツです。
- **効　果** 筒を上に抜く時まっすぐあげるために肩と手首をやわらかくします。

そっとそっと上に芯棒を持ち上げて。

中のケースが立ったままでいられるでしょうか。

27 ストローの吹き玉

○**用意するもの**　曲がるストロー（なるべく太めのもの）
　　　　　　　　　アルミ箔（12×12cm くらい）
　　　　　　　　　はさみ

①ストローの先を 2cm くらい切りこみます。

②さらに 3 分割して。

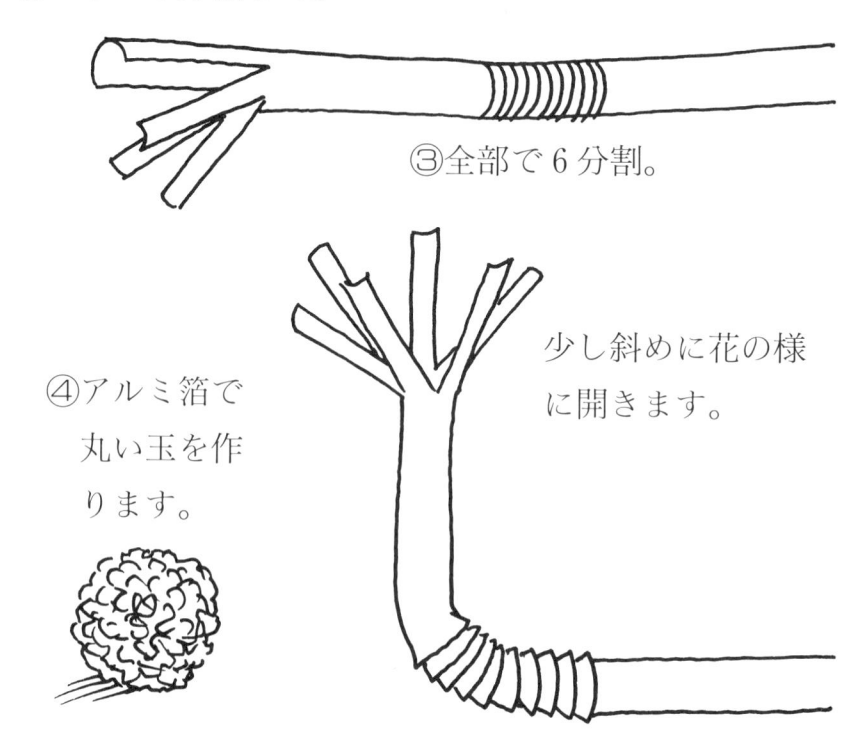

③全部で 6 分割。

少し斜めに花の様に開きます。

④アルミ箔で丸い玉を作ります。

27 ストローの吹き玉

○**留意点** 軽く丸めはじめて, きれいな玉を作るように, 少しずつ固めます。
○**効　果** 昔なつかしいおもちゃなので喜ばれます。

どれだけ高く昇るか, 何回連続であげられるか, 競争しましょう。

28 パックのゴム鉄砲

○**用意するもの**　牛乳パック，輪ゴム
　　　　　　　　はさみ，セロハンテープ

①パックの底とそそぎ口を切りとってたたみます。

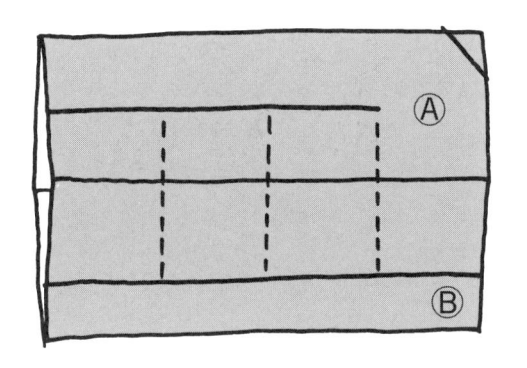

②Ⓑを切りはなしⒶで本体を作ります。
握るところを両側から折りたたんでテープでとめます。

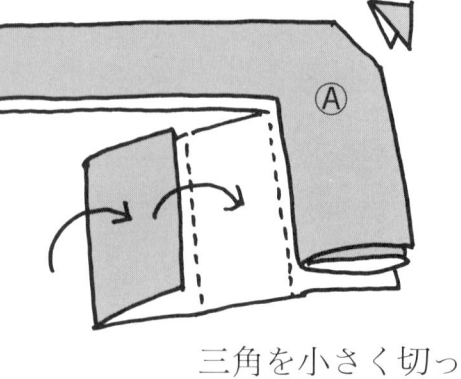

三角を小さく切っておきます。

28 パックのゴム鉄砲

○**留意点** Ⓑは Ⓐの銃身より細くしてください。
人に向けて撃たないでください。
○**効　果** 昔なつかしい射的遊びができます。

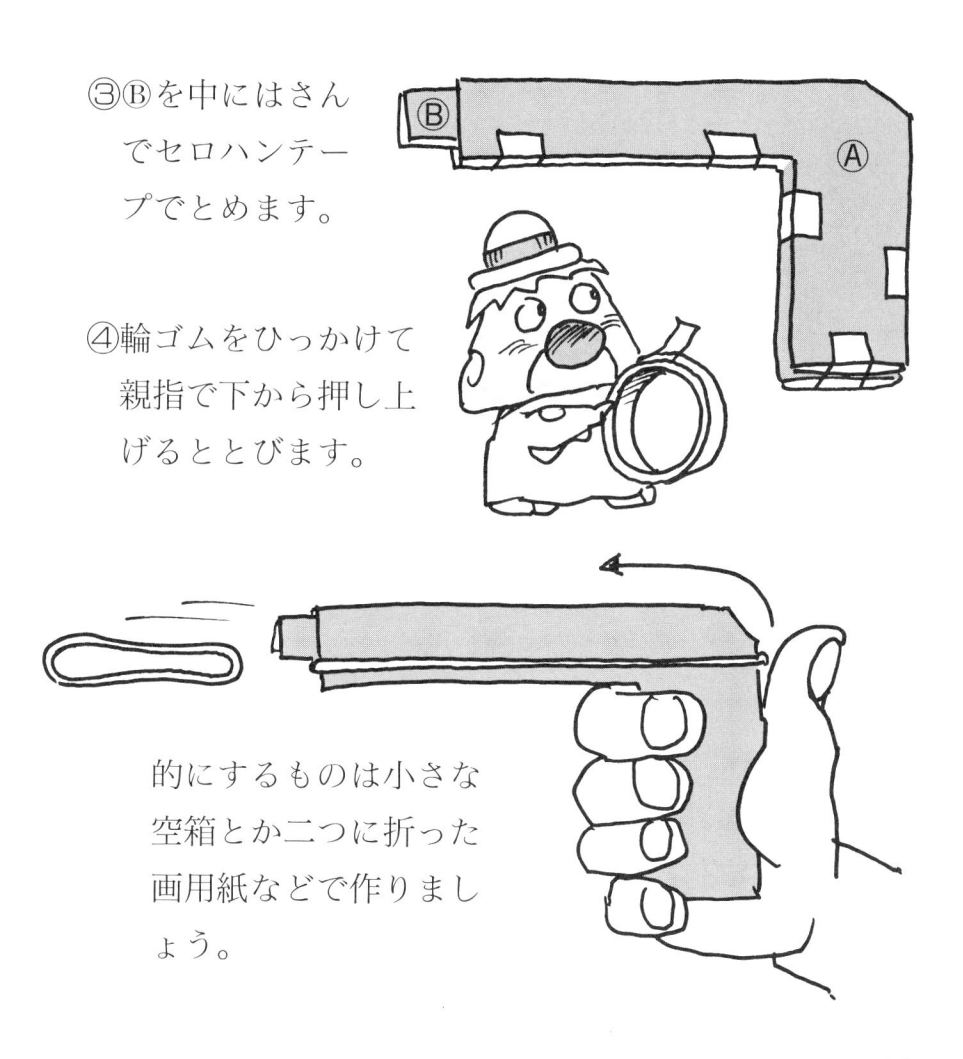

③Ⓑを中にはさんでセロハンテープでとめます。

④輪ゴムをひっかけて親指で下から押し上げるととびます。

的にするものは小さな空箱とか二つに折った画用紙などで作りましょう。

29 釣り堀

○**用意するもの**　おりがみ（15cm角）
　　　　　　　　ストロー，ペーパータオル
　　　　　　　　コップ，画用紙，はさみ

①おりがみを8等分に折って切ります。

②両端に上半分，下半分の切りこみを入れます。

③切りこみ同士を合わせてさしこみます。

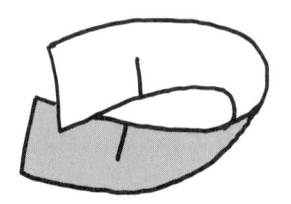

④魚の形になります。

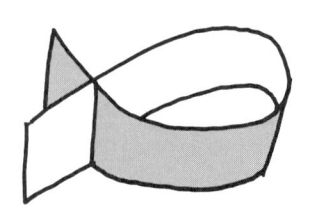

29 釣 り 堀

○**留意点** 1人よりもみんなで競争した方が盛り上がるでしょう。
○**効　果** ストローを持つ手のコントロールの訓練になります。

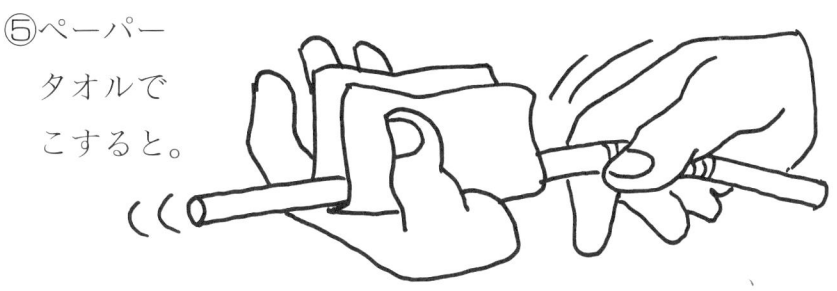

⑤ペーパータオルでこすると。

⑥静電気でくっつきます。

　釣り堀は53ページと同じ箱を作ります。
　えものを入れるコップは透明だときれいです。

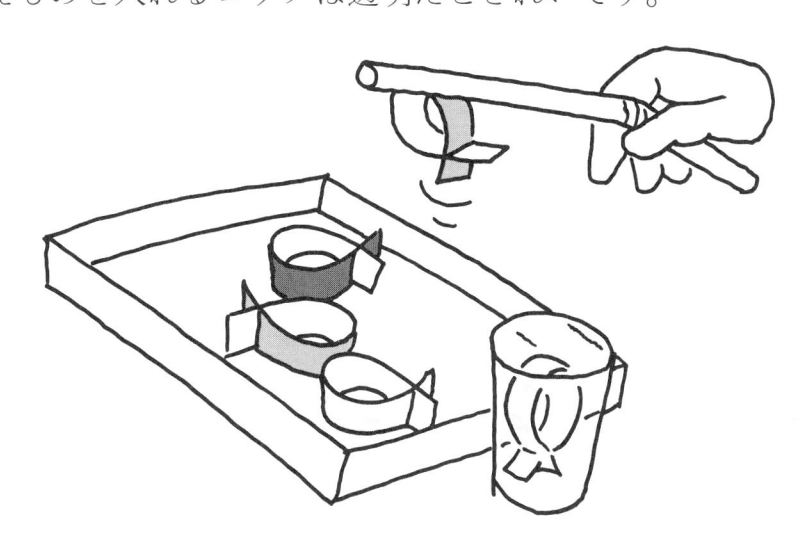

30 たこダンス

○**用意するもの**　赤のおりがみ（15cm角）
　　　　　　　　はさみ，のり，油性ペン
　　　　　　　　画用紙

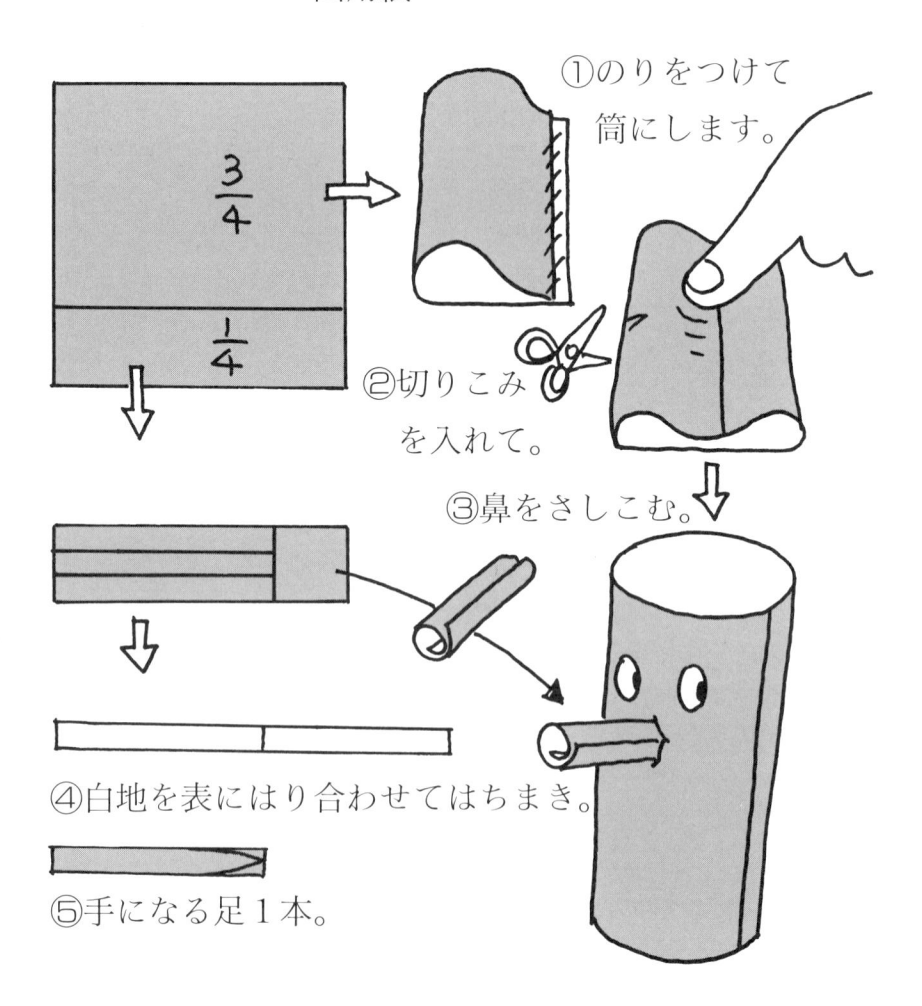

①のりをつけて筒にします。

②切りこみを入れて。

③鼻をさしこむ。

④白地を表にはり合わせてはちまき。

⑤手になる足1本。

30 たこダンス

○**留意点**　空箱をふせて使うより，作った箱の方がよく振動します。
○**効　果**　こまかい指先の動きの訓練になります。

⑥筒の下を斜めに切りこむとひろがって安定します。
　たこの8本足にこだわらず切ってもかまいません。

⑦
53ページのような箱をふせて使います。

31 走る紙コップ

○**用意するもの**　紙コップ，輪ゴム，ゼムクリップ
　　　　　　　　ホッチキス，セロハンテープ
　　　　　　　　はさみ，油性ペン，牛乳パック

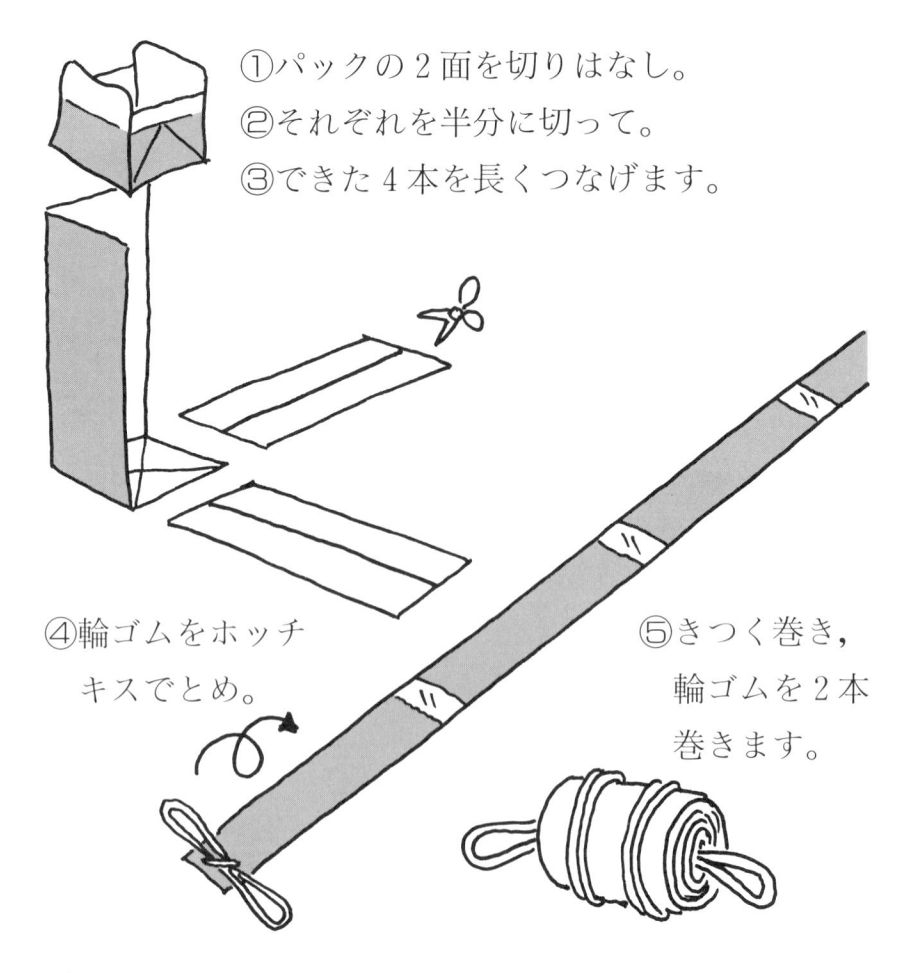

①パックの2面を切りはなし。
②それぞれを半分に切って。
③できた4本を長くつなげます。

④輪ゴムをホッチキスでとめ。

⑤きつく巻き，輪ゴムを2本巻きます。

31 走る紙コップ

○**留意点** ④のホッチキスは巻くので斜めに打ちます。
　　　　　⑤の外の輪ゴムはすべり止めです。
○**効　果** 輪ゴムが巻けていく感覚を手で覚えます。

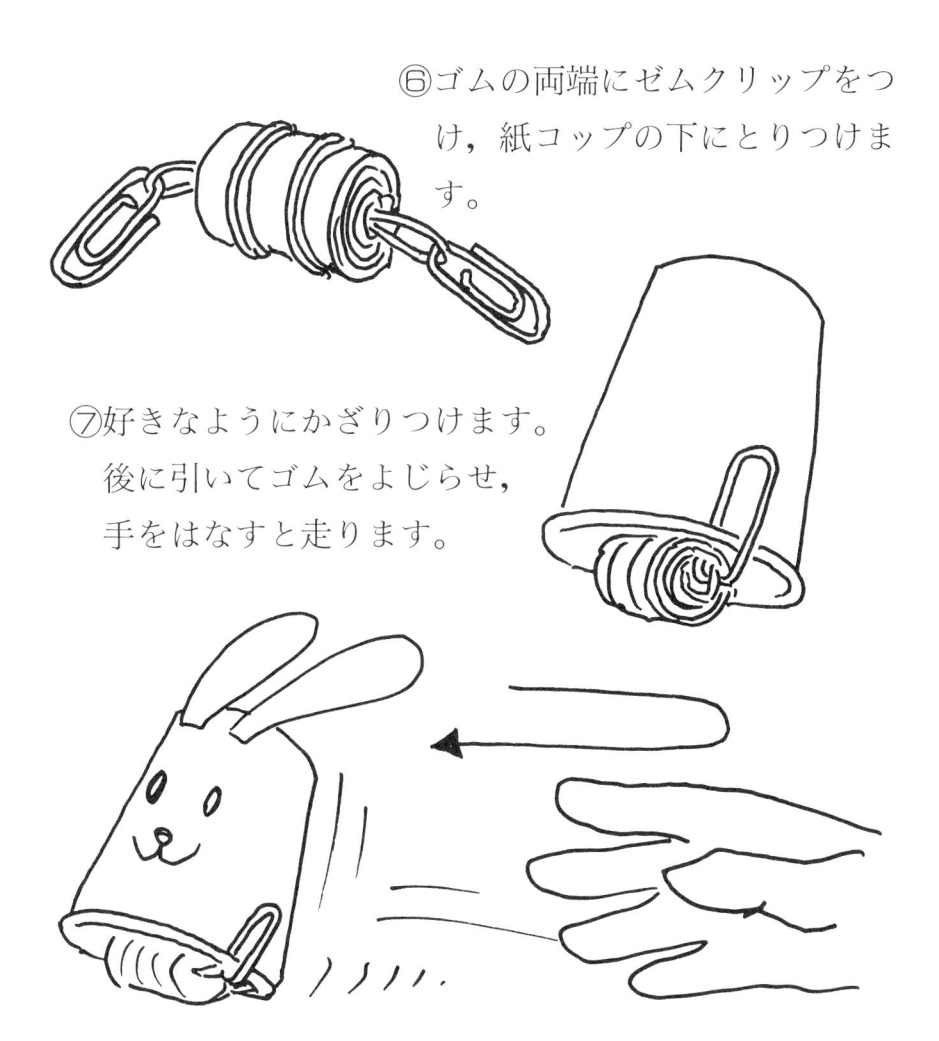

⑥ゴムの両端にゼムクリップをつけ，紙コップの下にとりつけます。

⑦好きなようにかざりつけます。
　後に引いてゴムをよじらせ，
　手をはなすと走ります。

32 魚すくい

○**用意するもの**　牛乳パック，輪ゴム，わりばし2膳
　　　　　　　　紙皿，はさみ，セロハンテープ

①牛乳パックは4cmぐらいで輪切りにします。

②切りこみを入れます。

③輪ゴムをひっかけ。

人差し指で押えてすべらせるととび上がります。

72

32 魚すくい

○**留意点**　5〜6個重ねていっせいにとばして，みんなですくう競争もできます。
○**効　果**　反射神経が鋭くなります。

④わりばし2膳をテープでとめて紙皿をはさみます。

右手の用意ができたら，左手で紙皿を持ってとぶのを待ちます。

33 梅の花 桜の花

○**用意するもの** 7.5cm角のおりがみ
はさみ，油性の極細ペン
型紙

型紙
$\begin{pmatrix}13\times 7\text{cmの}\\ 画用紙\end{pmatrix}$

この絵を写して型紙にします。
（5ページ参照）

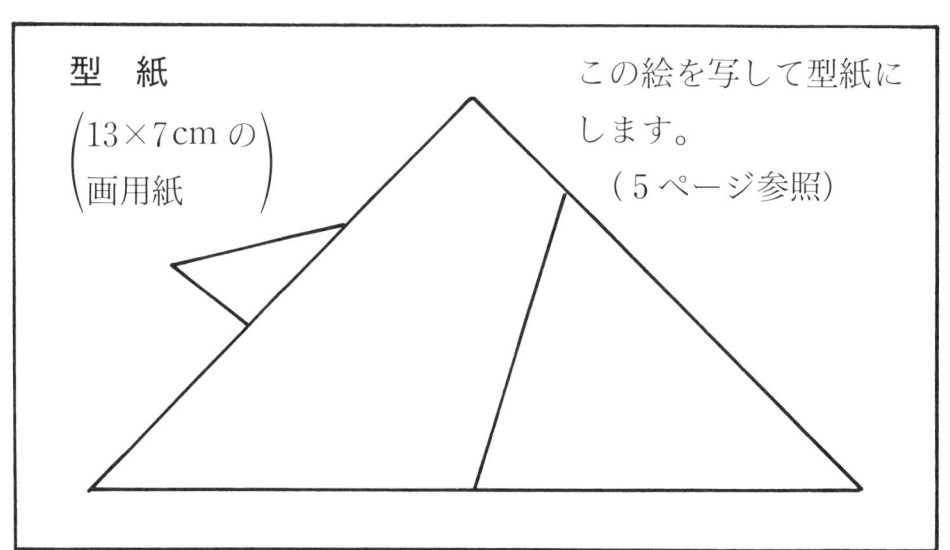

①色を内側にして三角に折ります。

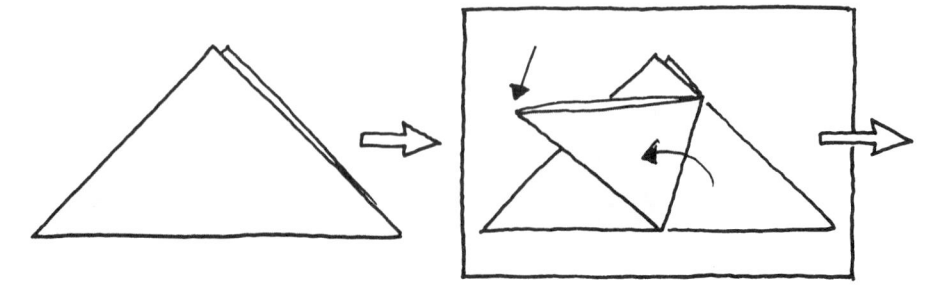

②絵にのせて左の角に合わせるように折ります。

33 梅の花　桜の花

○**留意点**　いつも使うおりがみ15cm角を4等分した大きさです。
○**効　果**　みんなの協力でたくさんの花が集まってきれいな部屋飾りになります。

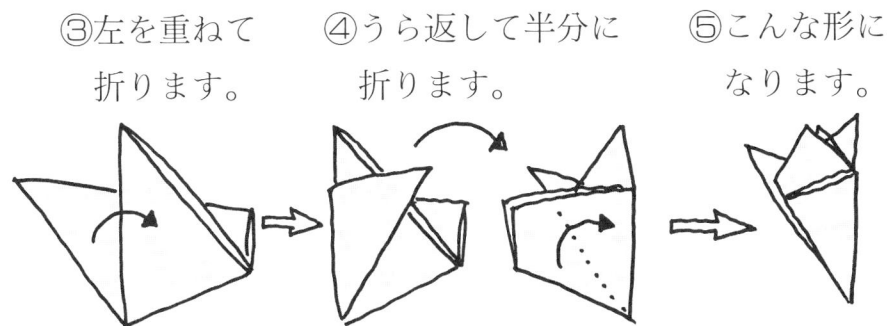

梅の花　　　　　　　　　桜の花

③左を重ねて折ります。　　④うら返して半分に折ります。　　⑤こんな形になります。

34 チューリップ畑

○**用意するもの**　緑の色画用紙$\left(八つ切りの\frac{1}{6}\right)$

　　　　　　　　花の色の色画用紙

　　　　　　　　はさみ，のり，セロハンテープ

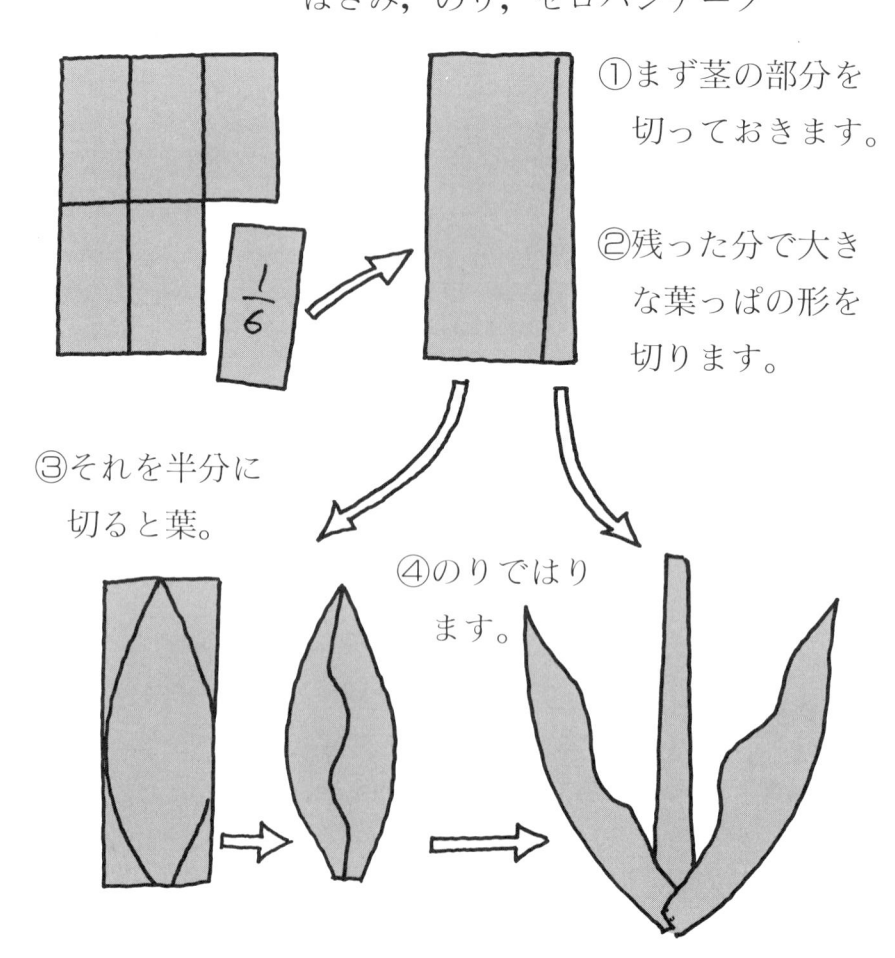

①まず茎の部分を切っておきます。

②残った分で大きな葉っぱの形を切ります。

③それを半分に切ると葉。

④のりではります。

34 チューリップ畑

○**留意点** 個性的な表現ができますから，花の形は自由にしてください。
○**効　果** みんなで一緒に壁面装飾。

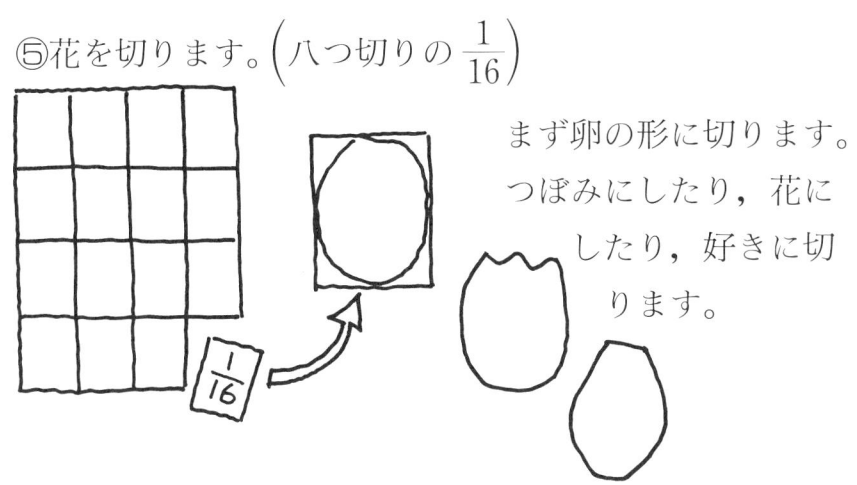

⑤花を切ります。$\left(\text{八つ切りの}\dfrac{1}{16}\right)$

まず卵の形に切ります。つぼみにしたり，花にしたり，好きに切ります。

いろいろな花の色や形で変化をつけますが並べ方はきちんとします。

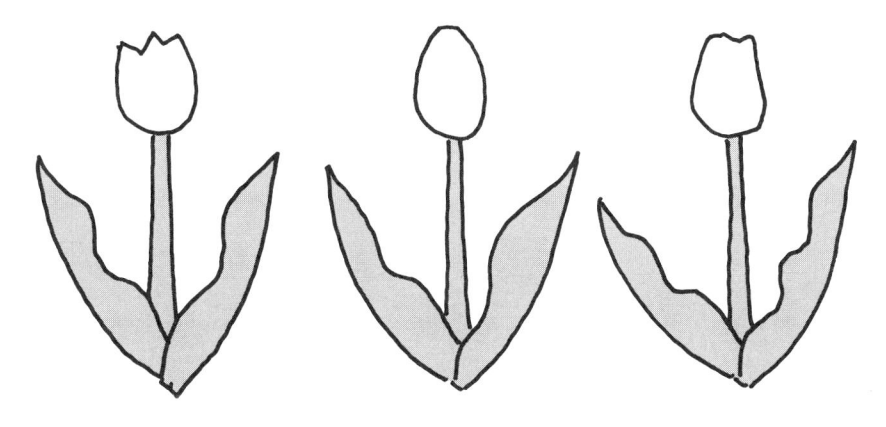

35 ちょうが舞う

○**用意するもの**　千羽鶴用の小さなおりがみ
　　　　　　　　はさみ，のり，えんぴつ

①三角に折って両端を大小に折り上げます。

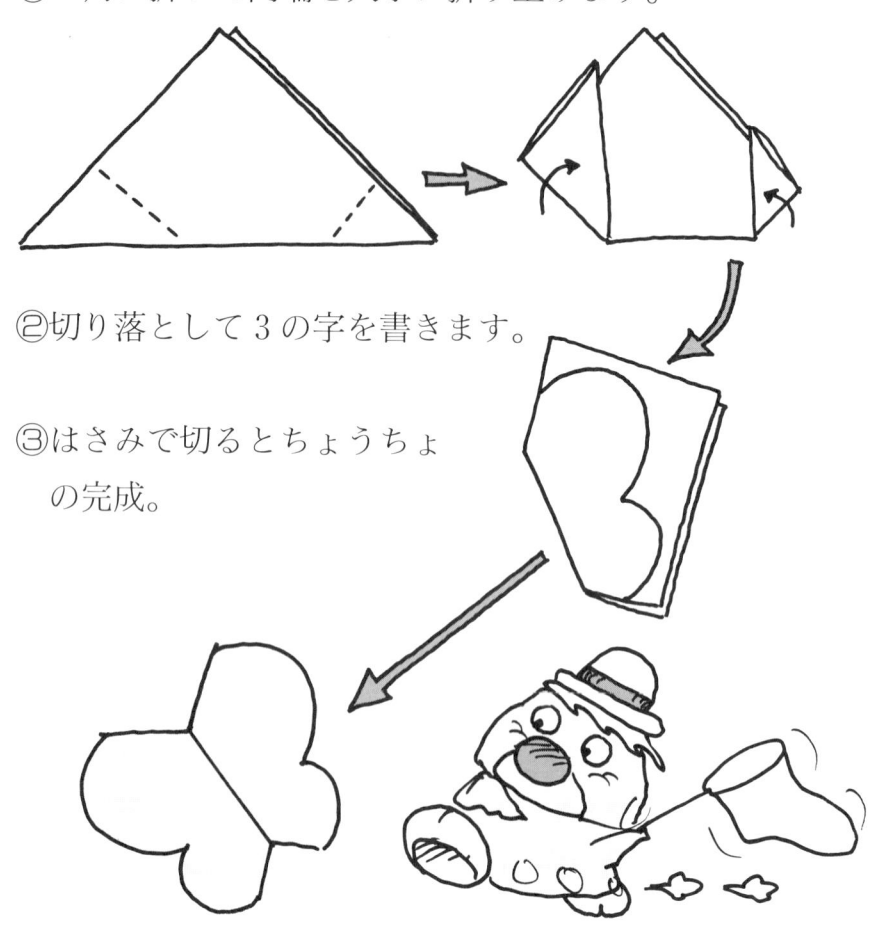

②切り落として3の字を書きます。

③はさみで切るとちょうちょ
　の完成。

35 ちょうが舞う

○**留意点** 色にこだわらず, いろいろなちょうが舞うのが楽しいのです。
○**効　果** みんなの力で窓飾り。

ぬらしてはがせる, でんぷんのりではります。
外光が当たってきれいです。

36 あやめヶ池

○**用意するもの**　青や紫色系統のおりがみ
　　　　　　　　緑と黄色の色画用紙，はさみ，のり

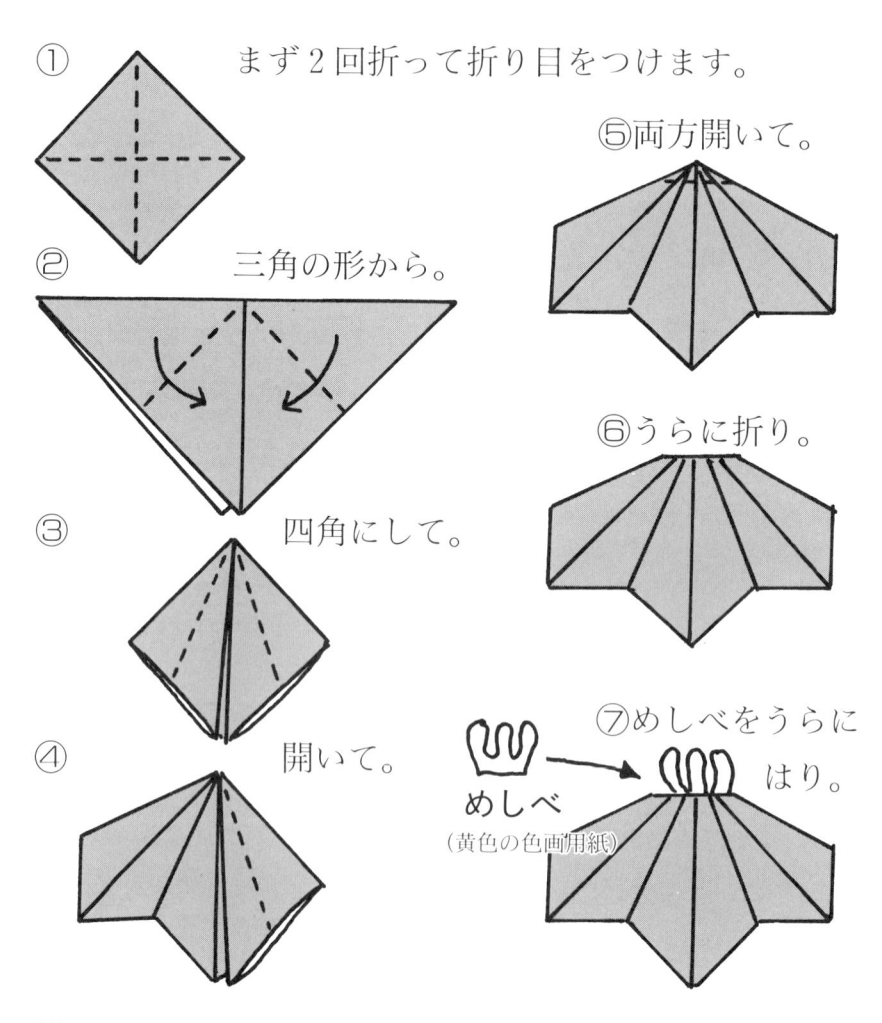

① まず2回折って折り目をつけます。

② 三角の形から。

③ 四角にして。

④ 開いて。

⑤ 両方開いて。

⑥ うらに折り。

⑦ めしべをうらにはり。

めしべ（黄色の色画用紙）

36 あやめヶ池

○**留意点** 花には変化がありませんから，茎と葉の開き方，折り曲げ方で変化をつけましょう。
○**効　果** 玄関や廊下の低い位置に，並べてはるとそこが明るく見えます。

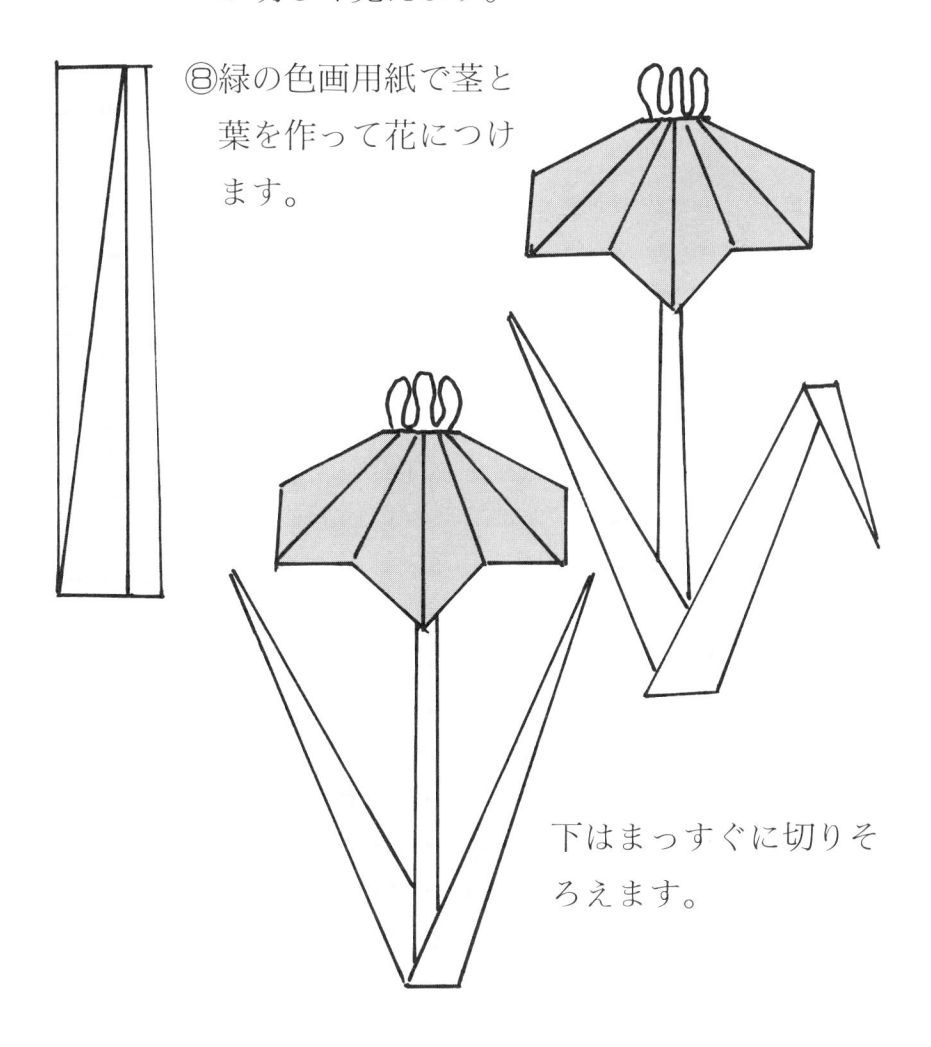

⑧緑の色画用紙で茎と葉を作って花につけます。

下はまっすぐに切りそろえます。

37 あじさい

○**用意するもの**　小さいおりがみ，丸ラベル
　　　　　　　　色画用紙の小片，ギザ刃のはさみ
　　　　　　　　細いペン，ストロー，のり

①おりがみは色を表にして半分折って折り返し。

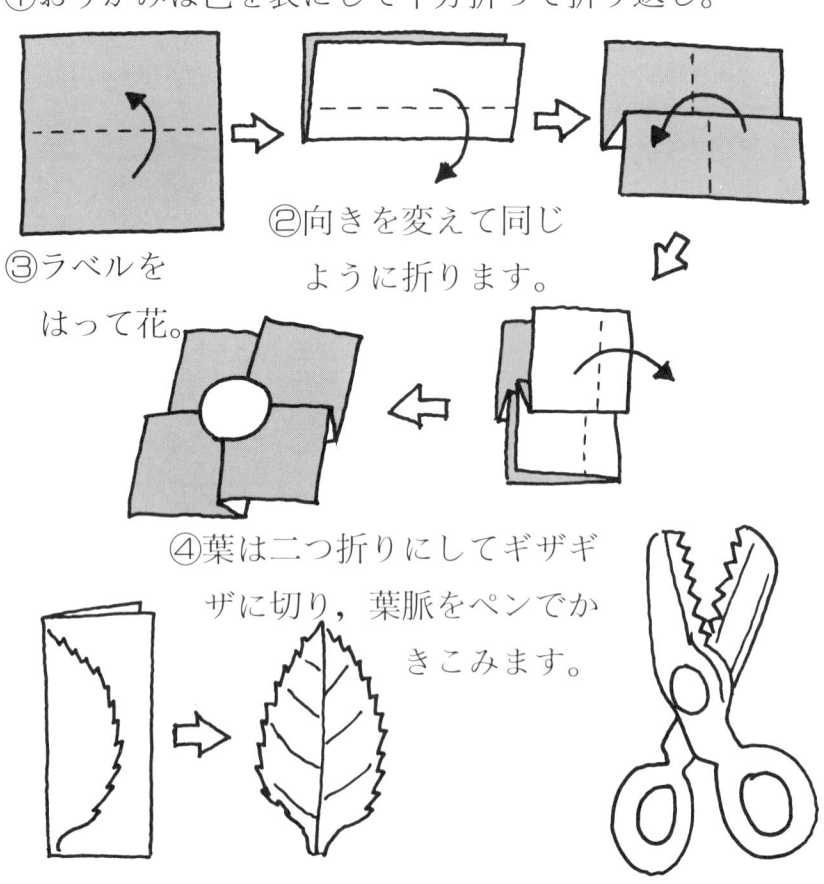

②向きを変えて同じように折ります。

③ラベルをはって花。

④葉は二つ折りにしてギザギザに切り，葉脈をペンでかきこみます。

37 あじさい

○**留意点** 台紙は水色，青などの大きなラシャ紙にはりつけます。
○**効　果** 少しずつ増やして共同製作を楽しみます。

かたつむり

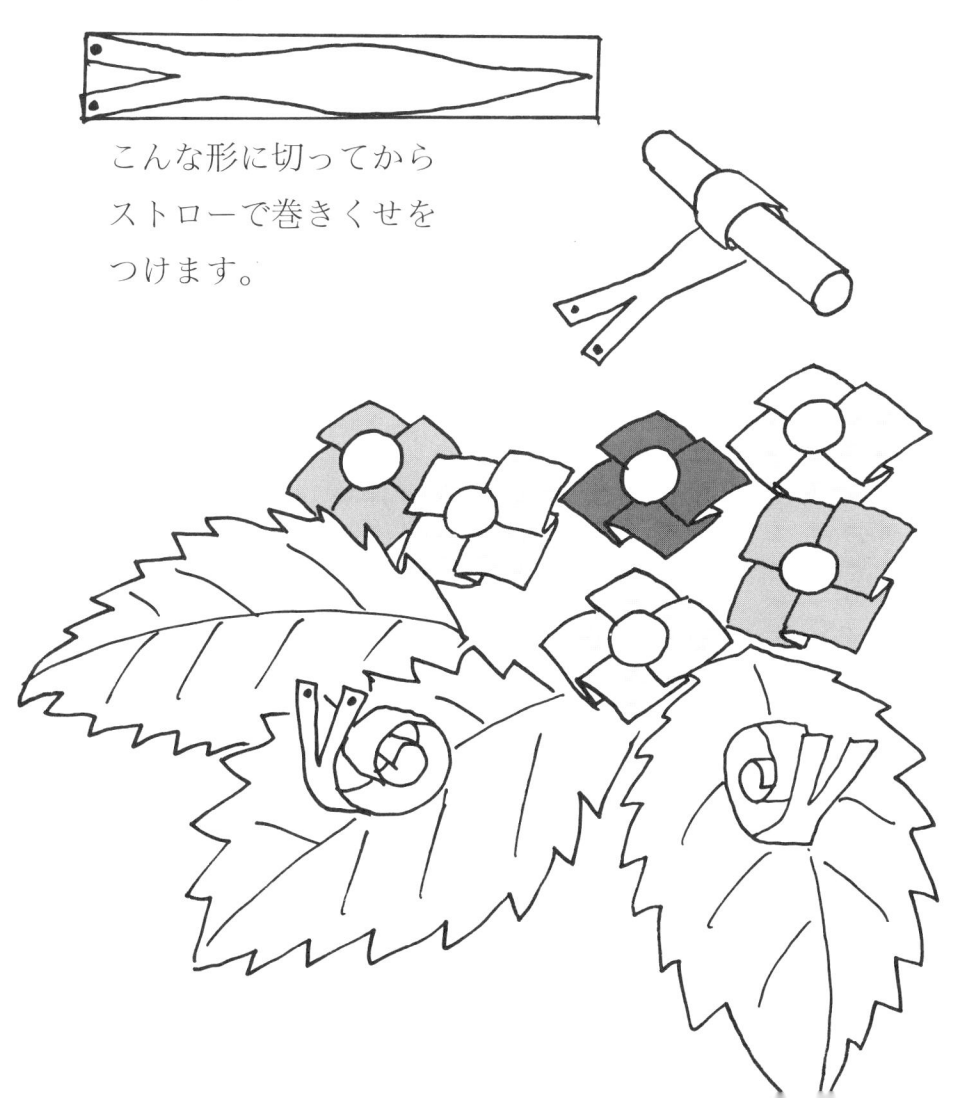

こんな形に切ってから
ストローで巻きくせを
つけます。

38 天の川

○**用意するもの**　いろいろなサイズのおりがみ
　　　　　　　　星の形の型紙
　　　　　　　　ホッチキス，はさみ，のり

①ホッチキスで5〜7枚重ねて
　とめます。

②型紙をあてて
　写します。

③大きいおりがみはホッチキスを
　あちらこちらに打ちます。

38 天 の 川

○**留意点** 大小の星を使うと遠近感が出てきます。
○**効　果** 1人では決してできない，みんなの力が必要だとわかります。

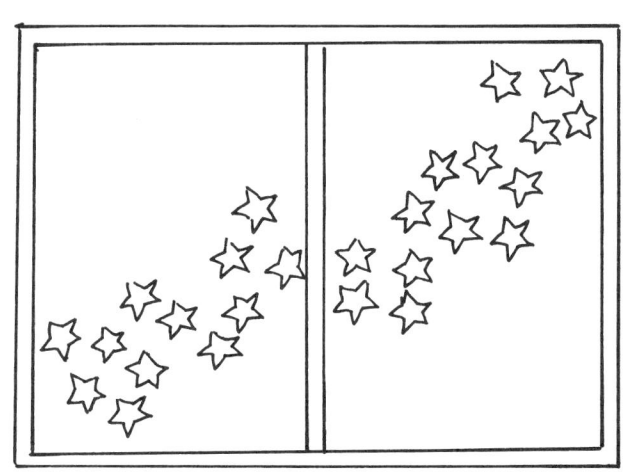

ガラス窓に並べて，でんぷんのりではります。ぬらせばすぐはがれます。紙テープにはり，上から吊します。

39 紅葉　落葉

○**用意するもの**　秋らしい葉の色のおりがみ
　　　　　　　　ギザ刃のはさみ，のり，えんぴつ
　　　　　　　色画用紙の枝

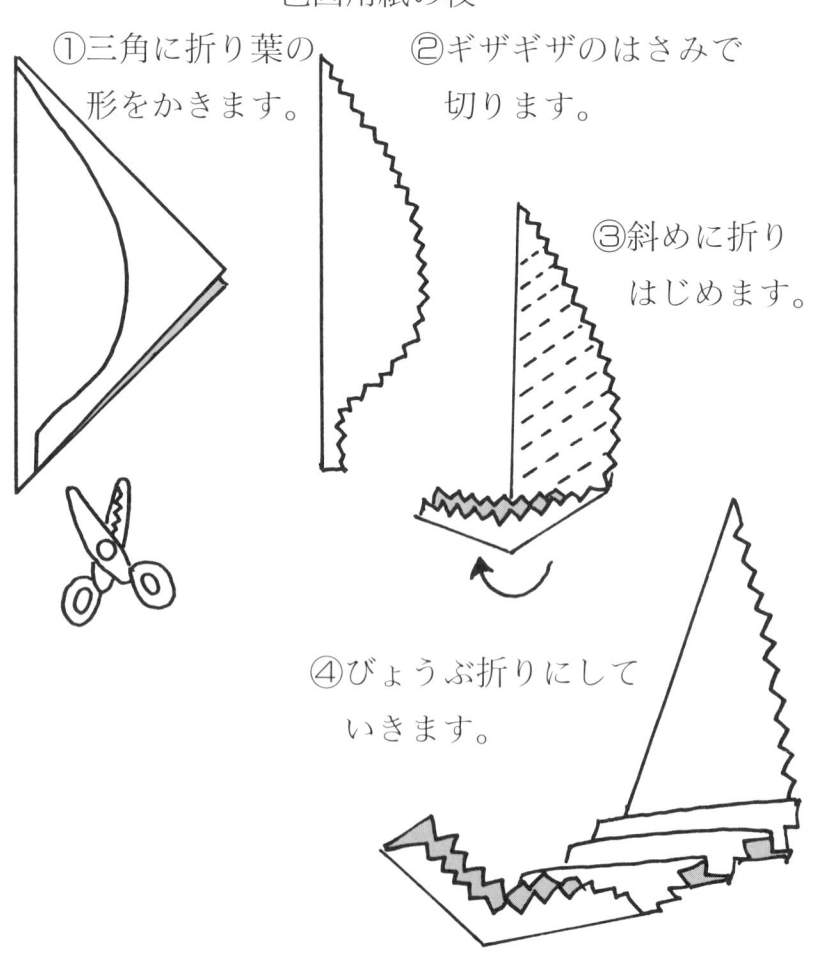

①三角に折り葉の形をかきます。

②ギザギザのはさみで切ります。

③斜めに折りはじめます。

④びょうぶ折りにしていきます。

39 紅葉　落葉

○**留意点**　大小の葉っぱを作るようにします。

○**効　果**　力を合わせて部屋飾りができます。

虫くいのような形にはさみを
入れてみます。

40 クリスマスの星飾り

○**用意するもの**　長方形の黄や白の紙（サイズはいろいろ），はさみ

①半分に折って角と角を斜めに合わせます。

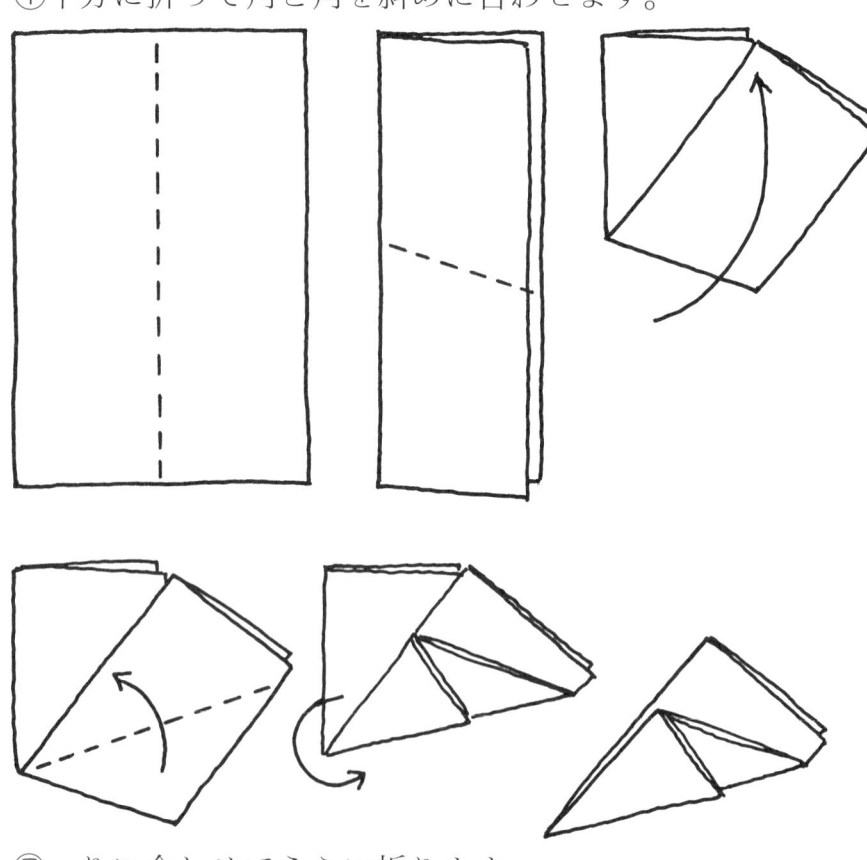

②へりに合わせてうらに折ります。

40　クリスマスの星飾り

○**留意点**　だれが作った星というよりも，とにかくたくさん作ることです。
○**効　果**　どこにはったらいいか，みんなで相談できるようになります。

この部分が星になるところです。

2種類の星がとれます。

植木にひっかけます。

41 魚のくに

○**用意するもの**　画用紙$\left(\text{八つ切りの}\frac{1}{4}\right)$

　　　　　　　　色画用紙の帯13本（1.5×10cm）

　　　　　　　　はさみ，めうち，カッターナイフ

①92ページの型紙を5ページの方法で写して作ります。
えんぴつで型をとります。

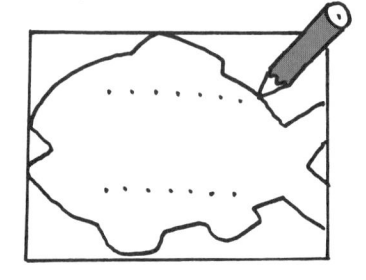

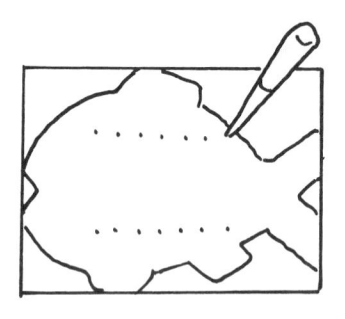

②めうちで穴をあけてから。

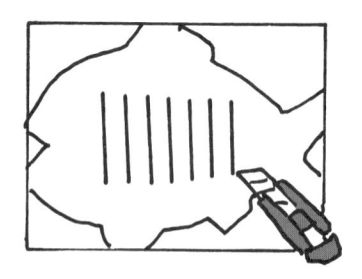

③カッターナイフで切りこみを入れます。

④魚の形を切り抜きます。

41 魚のくに

○**留意点** 一匹ずつ作るよりも八つ切りの画用紙を4つに折り型どりを一回ですませると簡単です。
○**効　果** 吊るしてゆらゆら。お部屋は水の中です。

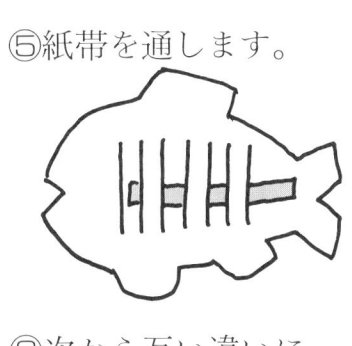

⑤紙帯を通します。

⑥次から互い違いに。

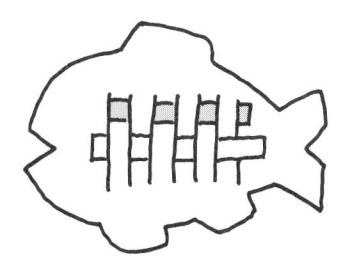

⑦あまりは切り捨て。

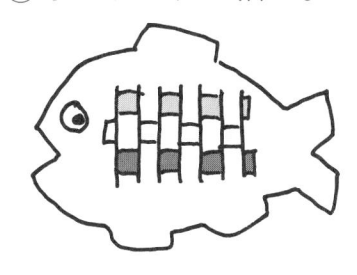

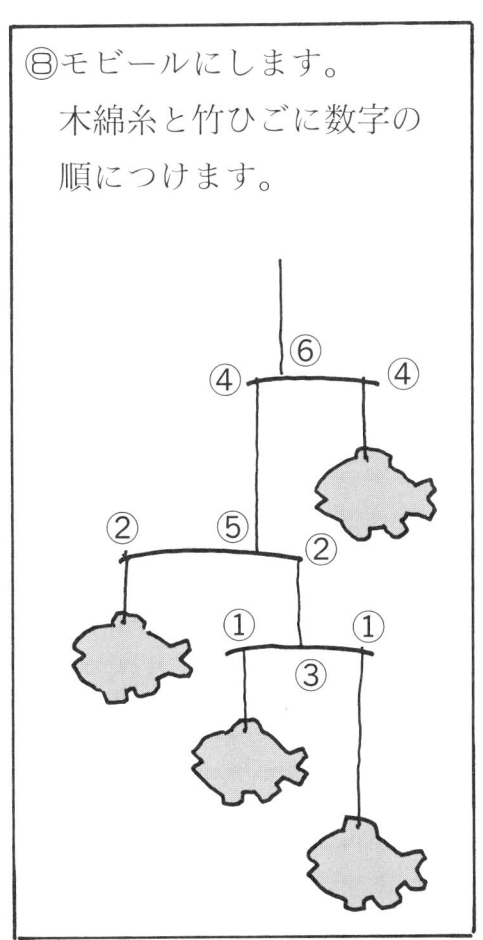

⑧モビールにします。
　木綿糸と竹ひごに数字の順につけます。

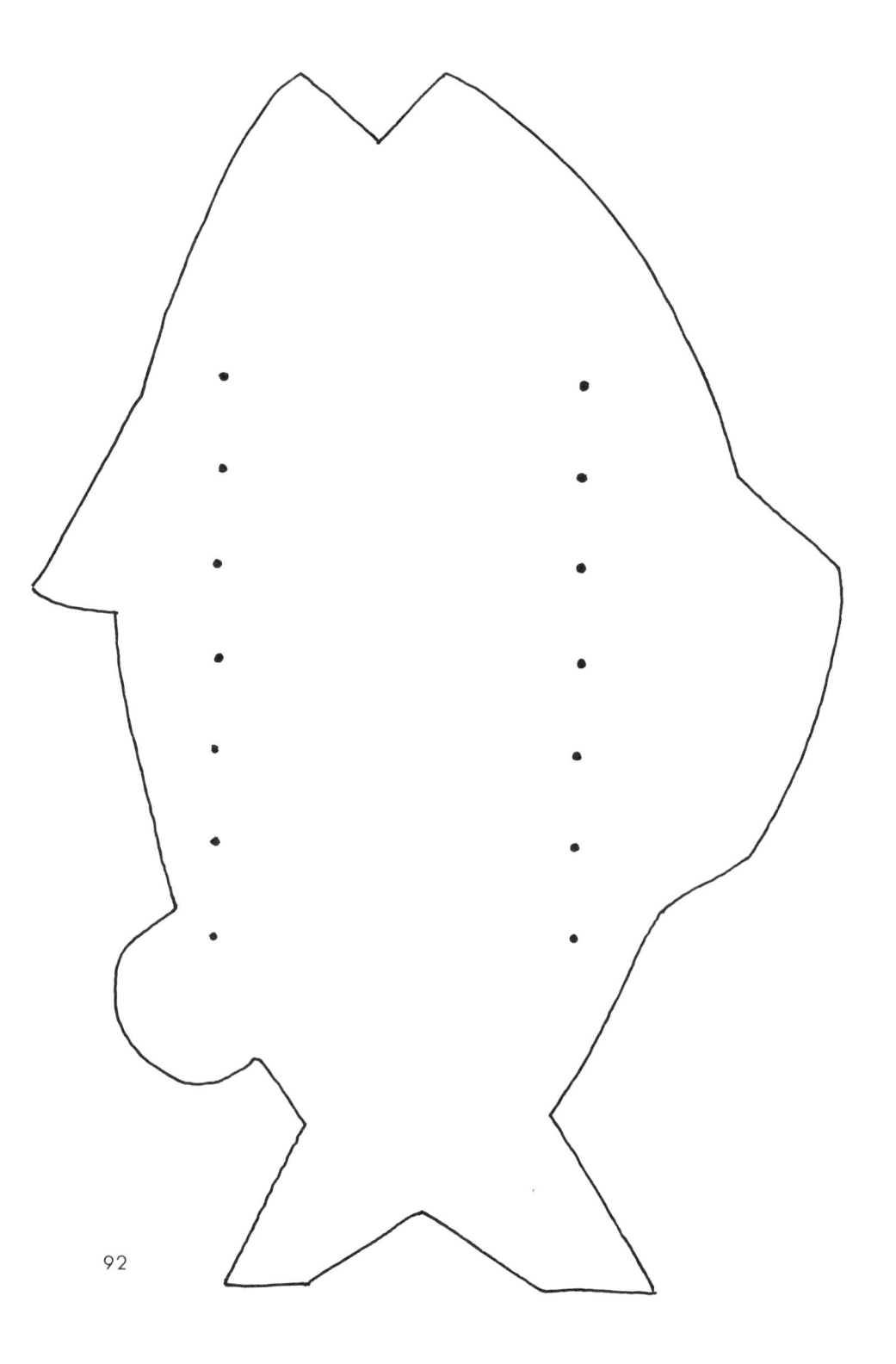

著者紹介
●枝常　弘
1936年生，日本大学芸術学部卒，造形作家。
元NHK教育テレビ「できるかな」造形指導。
〈おもな著書〉
『新しい表現遊び』（フレーベル館）
『ダンボール工作』（永岡書店）
『ノッポさんの工作塾』（NHK出版）
『自動車を作ろう』（牛乳パックシリーズ①，誠文堂新光社）
『おばけやしきを作ろう』（牛乳パックシリーズ②，誠文堂新光社）
『船を作ろう』（牛乳パックシリーズ③，誠文堂新光社）
『ゲームおもちゃを作ろう』（牛乳パックシリーズ④，誠文堂新光社）
『ブロックおもちゃを作ろう』（牛乳パックシリーズ⑤，誠文堂新光社）
『アート（造形）にチャレンジ』（すずき出版）
『牛乳パックのからくり絵本』（いんなぁとりっぷ）

〈住所〉〒359-0047　所沢市花園2-2341-35
　　　　TEL/FAX　042-942-6716

作って楽しむシニアのための絵あそび・おもちゃ・部屋かざり
2011年9月25日　初版発行

著　者	枝常　　弘	
発行者	武馬久仁裕	
印　刷	株式会社　太洋社	
製　本	株式会社　太洋社	

発　行　所　　　株式会社　黎明書房

〒460-0002　名古屋市中区丸の内3-6-27　EBSビル
☎052-962-3045　FAX 052-951-9065　振替・00880-1-59001
〒101-0051　東京連絡所・千代田区神田神保町1-32-2
南部ビル302号　☎03-3268-3470

落丁本・乱丁本はお取替します。　ISBN978-4-654-05695-8
Ⓒ H. Edatsune 2011, Printed in Japan

軽い認知症の方にもすぐ役立つ
なぞなぞとクイズ・回想法ゲーム

今井弘雄著
Ａ５判・93頁　1600円

シリーズ・シニアが笑顔で楽しむ①　とんちクイズや四字熟語，ことわざのクイズなど，軽い頭の体操として楽しめる問題を多数収録。軽い認知症の方も楽しめる回想法を使ったゲームを実践例などとともに紹介。

シニアのための座ってできる
健康体操30＆支援のヒント10

斎藤道雄著
Ａ５判・93頁　1600円

シリーズ・シニアが笑顔で楽しむ②　心と身体を元気にする座ったままできる体操30種を，体操のねらい，支援のポイントとあわせて紹介。身体を動かしたくなる雰囲気づくりのコツがわかる「支援のヒント」付き。

要支援・要介護の人も楽しめる
シニアの心と身体が自然に動く歌体操22

斎藤道雄著
Ａ５判・93頁　1600円

シリーズ・シニアが笑顔で楽しむ③　グー・チョキ・パーや手拍子など，シンプルな動きだけでできる，かんたんで楽しい歌体操11曲22種を紹介。身体機能のレベルにかかわらず，誰でも気軽に楽しめます。

シニアが楽しむちょっとしたリハビリのための
手あそび・指あそび

今井弘雄著
Ａ５判・99頁　1600円

シリーズ・シニアが笑顔で楽しむ④　いつでもどこでもかんたんにでき，楽しみながら頭の回転や血液の循環をよくする手あそびと指あそび41種を紹介。『ちょっとしたリハビリのための手あそび・指あそび』改題。

シニアの手・指・頭・体の
機能を守る遊び68＋介護者の基礎知識

グループこんぺいと編著
Ａ５判・93頁　1600円

シニアも介護者も使える機能を守る遊び①　毎日の生活に気軽に取り入れられる手・指，頭，体の機能を守る遊びを紹介。付録「介護者の基礎知識」や「ヘルパーＱ＆Ａ」，コピーして使える「今週の介護メモ」付き。

心の底から笑える１人から楽しむ
健康爆笑ゲーム＆体操37

グループこんぺいと編著
Ａ５判・93頁　1600円

シニアも介護者も使える機能を守る遊び②　元気な体と心の維持にぴったりな，笑って楽しく体を動かせるゲームや体操を紹介。ケアプラン作成に便利な「５分でできるマーク」付き。

ちょっとしたボケ防止のための
言葉遊び＆思考ゲーム集

今井弘雄著
Ａ５判・94頁　1600円

高齢者の遊び＆ちょっとしたリハビリ①　痴呆やボケの防止に効果的な「ことわざクイズ」「早口言葉遊び」などの言葉遊び11種と「神経衰弱」「文字当て推理」「パズル遊び」などの思考ゲーム23種を収録。

※表示価格は本体価格です。別途消費税がかかります。

虚弱や軽い障害・軽い認知症の人でもできる
レクゲーム集
今井弘雄著　Ａ５判・97頁　1600円

お年寄りと楽しむゲーム＆レク④　「魚，木で勝負」「まとめてハウマッチ」など身体をあまり動かさずちょっと頭を使うレク20種と，「震源地はどこだ」「ダルマ倒し」など軽く身体を動かすレク21種を紹介。

介護予防と転倒予防のための
楽しいレクゲーム45
今井弘雄著　Ａ５判・102頁　1600円

お年寄りが笑顔で楽しむゲーム＆遊び①　高齢者の体力・筋力の維持・向上，機能回復を図る楽しいレクゲーム45種を「歌レク体操」「介護予防のための手あそび・指あそび」「体を動かすレクゲーム」に分けて紹介。

思いっきり笑える
頭と体のゲーム＆遊び集
三宅邦夫・山崎治美著　Ａ５判・94頁　1700円

お年寄りが笑顔で楽しむゲーム＆遊び②　いつでもどこでも手軽にできて，みんなが笑顔になるゲームや遊びを45種紹介。ゲーム＆遊びで頭をきたえ，体がスッキリし，ストレス解消。

介護予防のための
一人でもできる簡単からだほぐし39
斎藤道雄著　Ａ５判・109頁　1800円

お年寄りが笑顔で楽しむゲーム＆遊び③　お年寄りのケガを防止する，椅子に座って一人でもできる体ほぐしの体操39種を，具体的なことばかけやアドバイスとともにイラストを交えて紹介。

毎日が笑って暮らせる
生き生き健康あそび45
三宅邦夫著　Ａ５判・93頁　1600円

お年寄りが笑顔で楽しむゲーム＆遊び④　89歳の著者が，手軽にできて大声で笑いたくなる，体も脳も生き生きするあそび45種を，イラストを交えて紹介。

車椅子の人も片麻痺の人もいっしょにできる
楽しいレク30＆支援のヒント10
斎藤道雄著　Ａ５判・93頁　1600円

お年寄りが笑顔で楽しむゲーム＆遊び⑤　車椅子の人も，片麻痺の人も，動かせる部分を思う存分に動かし，無理をせず楽しめるレクを30種紹介。支援の仕方や考え方も詳述。

痴呆のお年寄りの
音楽療法・回想法・レク・体操
田中和代著　Ｂ５判・79頁　2600円

CD付：車イスの人も一緒にできる体操　専門家でなくてもできる音楽療法や回想法，付属CDですぐにできる体操，様々なレクの方法を，図と写真を交えて紹介。

※表示価格は本体価格です。別途消費税がかかります。

誰でもできる回想法の実践

田中和代著　B5判・95頁　2000円

痴呆の人のQOL（クオリティ・オブ・ライフ）を高めるために，家庭や施設などでできる回想法の手順，留意点，回想するテーマ，お年寄りとの会話の展開例をわかりやすく丁寧に紹介。カラー口絵4頁。

Dr・歯科医師・Ns・ST・PT・OT・PHN・管理栄養士みんなで考えた
高齢者の楽しい摂食・嚥下リハビリ＆レク

藤島一郎監修　青木智恵子著　B5判・130頁　2300円

摂食（せっしょく）・嚥下（えんげ）の基礎知識，障害予防，医学的な解説を加えたリハビリなどを楽しいイラストをまじえ，やさしく紹介。「摂食・嚥下カルタ」付き。

Dr・歯科医師・Ns・PT・OT・ST・PHN・介護福祉士みんなで考えた
高齢者の楽しい介護予防体操＆レク

藤島一郎監修　青木智恵子著　B5判・135頁　2600円

一般の方から専門の方まで使える，根拠をもつ転倒予防・えん下障害予防の運動・体操・レク＆ゲームを楽しいイラストをまじえ紹介。

お年寄りの楽楽壁面かざり

芸術教育研究所監修　小松節子・蒲生美子著　B5判・88頁（カラー40頁）　2200円

福祉実技シリーズ④　お年寄りと一緒につくれ，高齢者施設の風景に季節の彩を添える壁面かざりを，「紙で彩る花ごよみ」「思い出いっぱい季節の行事」に分けてカラーで紹介。

お年寄りの楽楽手工芸

芸術教育研究所監修　蒲生美子・小松節子著　B5判・88頁（カラー32頁）　2200円

福祉実技シリーズ⑥　ぬり絵，はり絵，折り紙，書道，刺し子，編み物，壁飾りなど，お年寄りの趣味や特技を生かした手工芸の作品のつくり方を，イラストをまじえてわかりやすく紹介。

介護の現場で
今すぐ使える季節の手工芸

高齢者アクティビティ開発センター編著　B5判・80頁　2200円

AptyCare 福祉文化シリーズ③／付・四季のかんたん楽楽園芸　高齢者施設などで人気の手工芸レクに園芸レクを加え，季節ごとに紹介。用意するものからつくり方，遊びのポイントまで，イラストをまじえ丁寧に解説。

高齢者施設の
季節の小さな壁面かざり

高齢者アクティビティ開発センター編著　B5判・80頁　2200円

AptyCare 福祉現場シリーズ②　お年寄りが手軽につくれる作品から，集団で少しずつつくって大きな達成感を得られる作品まで，四季折々の壁面かざりのつくり方をイラストとともに紹介。

※表示価格は本体価格です。別途消費税がかかります。